收藏的雅趣

汉宝德 著

生活·讀書·新知 三联书店

Simplified Chinese Copyright © 2014 by SDX Joint Publishing Company.
All Rights Reserved.
本作品中文简体版权由生活·读书·新知三联书店所有。
未经许可，不得翻印。
本书由台北九歌出版社有限公司授权出版。

图书在版编目（CIP）数据

收藏的雅趣/汉宝德著．—北京：生活·读书·新知三联书店，2014.5（2015.11 重印）
（汉宝德作品系列）
ISBN 978-7-108-04772-4

Ⅰ.①收… Ⅱ.①汉… Ⅲ.①收藏－通俗读物
Ⅳ.① G894-49

中国版本图书馆 CIP 数据核字（2013）第 273441 号

责任编辑	张静芳
装帧设计	蔡立国
责任印制	徐　方
出版发行	**生活·讀書·新知** 三联书店
	（北京市东城区美术馆东街 22 号 100010）
网　　址	www.sdxjpc.com
经　　销	新华书店
印　　刷	北京利丰雅高长城印刷有限公司
制　　作	北京金舵手世纪图文设计有限公司
版　　次	2014 年 5 月北京第 1 版
	2015 年 11 月北京第 2 次印刷
开　　本	890 毫米 × 1230 毫米　1/32　印张 7
字　　数	124 千字　图 44 幅
印　　数	10,001－15,000 册
定　　价	35.00 元

（印装查询：01064002715；邮购查询：01084010542）

三联版序

很高兴北京的三联书店决定要出版我的"作品系列"。按照编辑的计划，这个系列共包括了我过去四十多年间出版的十二本书。由于大陆的读者对我没有多少认识，所以她希望我在卷首写几句话，交代一些基本的资料。

我是一个喜欢写文章的建筑专业者与建筑学教授。说明事理与传播观念是我的兴趣所在，但文章不是我的专业。在过去半个世纪间，我以各种方式发表观点，有专书，也有报章、杂志的专栏，副刊的专题；出版了不少书，可是自己也弄不清楚有多少本。在大陆出版的简体版，有些我连封面都没有看到，也没有十分介意。今天忽然有著名的出版社提出成套的出版计划，使我反省过去，未免太没有介意自己的写作了。

我虽称不上文人，却是关心社会的文化人，我的写作就是说明我对建筑及文化上的个人观点；而在这方面，我是很自豪的。因为在问题的思考上，我不会人云亦云，如果没有自己的观点，通常我不会落笔。

此次所选的十二本书，可以分为三类。前面的三本，属于学术性的著作，大抵都是读古人书得到的一些启发，再整理成篇，希望得到学术界的承认的。中间的六本属于传播性的著作，对象是关心建筑的一般知识分子与社会大众。我的写作生涯，大部分时间投入这一类著作中，在这里选出的是比较接近建筑专业的部分。最后的三本，除一本自传外，分别选了我自公职退休前后的两大兴趣所投注的文集。在退休前，我的休闲生活是古文物的品赏与收藏，退休后，则专注于国民美感素养的培育。这两类都出版了若干本专书。此处所选为其中较落实于生活的选集，有相当的代表性。不用说，这一类的读者是与建筑专业全无相关的。

这三类著作可以说明我一生努力的三个阶段.。开始时是自学术的研究中掌握建筑与文化的关系；第二步是希望打破建筑专业的象牙塔，使建筑家为大众服务；第三步是希望提高一般民众的美感素养，使建筑专业者的价值观与社会大众的文化品味相契合。

感谢张静芳小姐的大力推动，解决了种种难题。希望这套书可以顺利出版，为大陆聪明的读者们所接受。

汉宝德

2013年4月

目 录

自序 遨游于文物之天地..................................1

辑一 **古物的记忆价值**..................................5
    壶的传奇.. 6
    自酒壶到茶壶......................................13
    牡丹的造型.. 21
    初探古玉的世界................................. 28
    一只玉璜带来的回忆.......................... 34
    古瓷的异国风采................................. 41
    青铜器中的童趣................................. 49
    陶瓷器的纹饰..................................... 53
    古物的记忆价值................................. 60

辑二 **发现真实的挑战**................................ 67
    彩瓷的雅与俗..................................... 68
    古物价值之挑战................................. 75
    时代的迷雾.. 80

	青铜器的神秘面纱	86
	发现真实的失落	92
	古、怪、美	98
	古物断代的争议	104

辑三 收藏之乐 113
	琉璃的故事	114
	印章的艺术	120
	古香器之谜	128
	香炉的故事	134
	茶艺与茶壶	140
	一对大眼睛	147
	逛玉市之乐	153
	奇石与文玩	159
	老来收藏之乐	166
	辟邪与狮子之间	172

辑四 书法的生活化 179
	书画与碑拓	180
	半副对联	186
	书法的生活化	192
	自由挥洒的草书	200
	草书之难	205
	形、意、情	211

自序　遨游于文物之天地

在报刊写文物，一写又是几年过去了。

写文物是与读者们分享我的收藏之乐，坦白地说，我实在不知道有多少读者会与我产生共感，所以一直写得很心虚。很感激出版社的朋友，使我偶尔回顾一番收藏的心路历程，可以继续写下我的经验。

我自六十岁之后，由于生命历程与环境的改变，就很少收藏古物了，可是对古物的迷恋之情却并未稍减。我始终觉得，一个中国读书人为追求内省的精神生活，古文物是祖先为我们留下的宝贵的、发掘不尽的财富。由于中国的历史悠久，又有厚葬的传统，古物几乎源源不绝地发掘出来，流入市场，使我们用很少的代价就可以得到收藏的乐趣。我常觉得，作为中国人而不享受这种现成的乐趣未免太可惜了。

古文物的市场价格有高不可攀者，也有等同或低于生活用具者。文化人的收藏应该不追市场，不作投资之想，只找喜欢的收藏。想到钱，文物也就成为俗物了。有钱人在拍卖场上竞价，是金钱游戏，是生意经，实在乏味，非我辈所能、所愿。

自从大陆新贵加入古物市场竞价后，这种情形更为明显了。物质主义支配了市场，瓷器要看精细无疵，玉器要看材质精纯，文物的"文"字被遗弃了，"文"的价值，诚如其审美的价值、历史的价值、时代证物的价值，都已被弃如敝屣。所幸，文物的价值与品质是独立于市场价格的。那些不为市场所喜，却有文化价值的东西，岂不是留下来供我辈品赏的吗？

古文物的迷人之处，是它的美质，是它的时代感。当我把一只唐代的陶杯拿在手上，虽然在实质上好像回到一千多年前，但通过这只杯子，我所能感受到的唐文化是非常朦胧的。经由一件古物，我们所能感受到的，是穿过时代的迷雾，看到一丝丝古代的亮光。只是这样，已经够使人兴奋了。

很可惜的是，古物由于其市场价值，自古以来就有仿古谋利之事。近代以来，由于西洋人开启了国际市场，仿制的风气大盛，到今天，已呈"道高一尺，魔高一丈"的局面。我们希望通过古物感受一丝丝古代文化风貌的愿望，被这些"败类"破坏殆尽了。时空的阻隔，加上真伪莫辨，时代的迷雾更加浓重了。

自另一个观点看，正因为真伪难辨，增加了古物收藏的遨游趣味，使得文物的品赏增加了悬奇的价值。有时候我面对一件所谓古物，真不知道我所享受到的精神遨游之乐是自我欺骗，还是真正的，时代迷雾中的探险之旅。

基于不太明白的理由，蔡文甫兄很喜欢收集我谈文物的文章。很多年前，他出版了《风情与文物》，后来又出版了《真与美的游戏》。我已警告他恐怕不会有多少读者，他表示并不在乎。现在又集起我近年所写，题为"收藏的雅趣"，几乎使我受宠若惊了。希望亲爱的读者们捧场,鼓励出版界在一片科幻动漫流行声中,为自省的、知性的、审美的精神活动留一席之地!

2009年4月于台北

辑一

古物的记忆价值

壶的传奇

收藏中国的古物，财力不足者，多从瓶瓶罐罐开始。陶器的历史悠久，可见证中国的古文化，而陶器多容器，又可自生活经验直接推想远古的生活方式，与古人交心，意味深长，不只是美与奇的追求而已。

中国古陶器的类型很多，但其名称似乎都是随便使用，没看到有学者认真整理，弄出一套命名的道理，所以很容易混淆，常见的名称有罐、瓶、瓮、壶、盆、盘、钵、釜、碗等等，是各文化中都可以见到的生活用品。另外有以中国文化特有的器型称呼的，如鼎、鬲、簋、尊等等，其用途并非今人所可轻易了解：要深入了解，需要一点学问，有时候学者们也搞不清楚。目前器物学在这方面的研究还是一片空白。好在这些特有的器型后来都转为青铜的祭器，成为高级、昂贵的文物，与生活器物分道扬镳，我们这些并不富有的收藏者就不必太关心了。

话说古人烧陶制器，最早的用处就是容器，所以罐最为普遍而常见。马虎一点，你可以称所有的石器时代的陶器为罐，只是有大有小，开口、形状略异而已。后来因为容器使用方式的分化，出现了两种器型，一是大开口的罐变浅了，就成为盆，盆可用来洗濯；一是小开口的罐拉长了，就成为瓶，瓶可用来盛水。后来盆子再变浅些，就是放置食物的盘，变小些就成为用餐的钵或碗。这都是容易理解的。然而还是罐子花样多，大罐为瓮，显为储藏之用，为了便于提携，罐子有带耳的。

古器中比较难于理解的是壶。我查阅考古资料，最早被称为壶的，与今天的壶完全不同。它似乎是一种小口长颈的高罐，介于瓶、罐之间。如果文献上不称它为壶，我会很自然地称它为罐。大凡器型不易分辨者，它的功能一定也很模糊，所以很难推想这壶有何功用。学者们称它为壶，大概是发现了里面有类似酒的液体之故。这样勉强可以说，罐子是粮食的容器，瓶是水的容器，壶是酒的容器，不知是否合乎事实，姑且这么认定吧！

这种古式的壶一直使用到汉朝，如果是酒壶，那么当年喝酒应该是很豪迈的了。要双手抱起壶身，把酒倒在碗里、爵杯或耳杯里，可是我们不能不承认，在日常生活中，这种酒器是很不方便的。我尝试着从自周到汉的古器物相关文献中寻找，是否有后世的壶，却一无所获，倒是用作酒杯的爵、角之类的器物已经有了把手与"流"。是不是上古的大型爵、盉等就相当于后世的壶呢？这需要进一步的研究，或向专家讨教。

我们所熟悉的中国文化开始于南北朝，壶自晋代就出现了，这是上古与中古文化交接的时期，所以上古的壶形式仍然存在，只是体型变小，开口呈盘状，被称为盘口壶。由于体型小，一只手可握着颈子倒酒，应该没有困难。而何种原因在这时候出现了有把手与壶嘴（流）的壶，我们就不得而知。这种新型的壶称为鸡壶，仍然有一个小小的盘口，当作日用品，又未免太做作，太正式了。它不仅在壶嘴上做成鸡头的模样，到了南朝，把手也做成龙头的模样。不但如此，早期的鸡壶，壶身也刻出鸡身的花纹，把它当成日用品未免太勉强了，考古

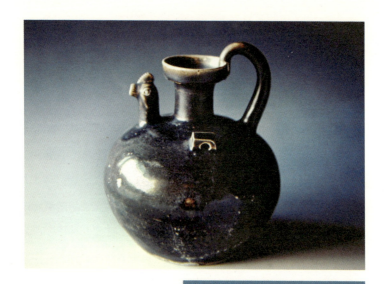

鸡 壶

在华盛顿的博物馆里,曾看到一把南朝黑釉鸡壶,一直记在心里。后来竟在光华商场遇上几乎相同的一件。这是我买下的第一把壶。

学者发现，当时人称它为罂。依我看，这玩意儿还是仪典用的器物。

三十年前我到华盛顿参访，在博物馆里看到一把南朝黑釉的鸡壶，比例、造型与釉的质感使我感动，一直记在心里。没有想到，大陆开放以后，各类古物流到港台，十几年前，我在光华商场遇上了几乎相同的一件，只是有些窑伤，价钱贵了些，为了圆梦也只好买了。这也是我买的第一把壶。

到了唐代，古典的罐式壶渐渐消失了。可是我曾收过一个早唐的白釉开口罐，在肩上开个圆洞，想来是用来插管当壶用的。中唐以后，日用壶应该很普遍了。唐代有一个长沙窑，烧制大量日用器物，壶的花样最多变化，而且多以褐彩在壶身上画了各式图画，或有印塑贴花，有人物、花鸟、动物，是非常生动的民俗画。这样大的窑，说明陶器已经通用，且已出口到域外，历史上居然无只字记载，说中国人是有历史感的民族，实当之有愧。

长沙窑的壶出现在光华商场，我就买了一把。可惜这类壶上的图画多受土蚀，有不完整的感觉。后来在另一家古物店看到一把较小的壶，保存情况良好，上面写有文字，是很俗气的一句话："君子积德，小人积财"。据说原送去台北故宫，审查已经通过，可是秦孝仪院长嫌这话太俗，就批驳了。我想这是店家编的故事，不过器型很好，我就以参考性文物予以收藏。这是我看到的，中国器物上以文字为饰比较早的一件。可见中国的俗文化到了唐代中叶已经在民间形成风气，下接金元是很自然的，并非域外的影响。

壶发展到这里，出现了一个新的问题，那就是这壶是酒壶还是茶壶？在上古的中国，称壶必然是酒壶，可是六朝以来，茶逐渐成为民间的饮料，到唐朝，茶不但很流行，而且成为上流社会生活方式。陆羽的《茶经》也在这时出现了,而且提到青瓷与白瓷诸窑之优劣,可知茶可以与酒分庭抗礼了。可是我遍查手边资料,找不到酒壶与茶壶的讨论。今天的文人雅士谈酒的,就把它们视为酒壶;谈茶的,就把它们视为茶壶,可把我搞糊涂了。

遇这类问题,我的解决方法是自今天的生活中去反省,再合理推断古人的用法。在唐代有一种高颈、高把手的壶,称为执壶,可以推想是贵族人家酒宴上有仆人侍立奉酒的用器。自唐至北宋,很多酒器的把手高过壶口,都可以这样解释。

宋代的影青瓷器出自景德镇窑,并非当时的名窑,但瓷质好,釉色清,有大量的壶流传到今天。这是一种很成熟的造型,壶身有圆形的瓜棱型,上有盖,盖上有狮纽,嘴很长带流线形,上尖细流畅;把手的线条也很优美,仍然是执壶的传统,位置在腹与颈之间;壶之下还有一个托子。依我判断宋壶虽有多种花样,大多应该还是酒壶。长流代表的意义是为家人倒酒方便,托子应该是以热水保暖的。

我初次见到这样的壶,有一个花瓣形托子,就迫不及待地买下来了,也不顾及釉色不够明亮的缺点,因为我太喜欢它的造型了,尤其是可以印证宋画上的壶形。它的形状与装饰应该来自当时的铜质壶。

其实宋元之后的酒壶,延续了上古酒壶的传统,仍保留了无把手无壶嘴的器型,只是体型变小,造型更精致而已,那就是后世流行的梅瓶与玉壶春。这两种器型,由于轮廓线都是S形,是特别美观的。梅瓶小口肩肥底瘦,当酒壶,要双手抱着倾倒。玉壶春的名字特别浪漫,其器型多细颈肥腹,适于单手把握。所以后者比前者合用。梅瓶在喜欢传统的日本,至今还用为酒器,可是在中国,明代之后就成为摆设或花器了。在梅瓶上插梅花非常有味,其酒器的功能已被遗忘。玉壶

·（五代）顾闳中　韩熙载夜宴图（宋摹本　局部）　北京故宫博物院藏
画中仆人所持托盘中，即有一把高颈、高把手的执壶。

春在宫廷也成了摆设，然而在民间，它仍然是最受喜爱的酒器。记得在我的老家，北方的山东，农家喝酒用的就是小型黑釉玉壶春，但是为了与有嘴的壶区隔，已被乡下人称为酒瓶。

与上古酒器有渊源的玉壶春，其造型又为外国学者所赞赏，我却一直没有兴趣收藏。一方面是没有机会，另方面因价钱不合适。宋代到金元磁州窑的玉壶春不多，偶尔见到我买不起，而且比例我也不喜欢。早期的玉壶春，不是颈子太细长，就是腹部不丰满，外国人所喜欢的 S 曲线还没有成熟。到了清代，乾隆朝的官窑中，有祭红的玉壶春，曲线是很圆满了，却又有些俗气。直到最近，我已自公职退休不再买东西了，却有一机缘，得到了一件非常珍贵的宋代器物：那是一件绞胎玉壶春。绞胎是唐代发明的虎纹表面的瓷器，量很少，很难做得精致，我向来不喜欢。北宋的绞胎十分罕见，但却非常精致而匀称。我的一位朋友收藏很多高级文物，看我赞了几句，就坚持要我带回家做个纪念，这也算是我与酒壶结的缘吧！

2005 年 3 月

自酒壶到茶壶

在中国文明史上，自水壶到酒壶，然后自酒壶发展到茶壶，是很有趣的生活器物演变的写照。在今天所见的，自上古到中古的壶，大多是酒壶，因为那些时代，古人的生活与酒是分不开的。

今天看来，在造型上酒壶与茶壶几乎是相同的。在各种生活器物中，若以陶器为例，壶的造型最为生动可观，所以也最引人注意。我注意到现代的陶艺家喜欢在壶上动脑筋，创造出各式各样的形状来。几年前，莺歌陶瓷博物馆开幕时曾举办了一次国际陶艺展，其中有多位知名陶艺家所制造的陶壶，真是五花八门，无奇不有。我本不收现代作品，可是在展场转来转去，还是舍不得走，不得已就同一位在该馆的学生商量，可否让我买一件，说罢就指定了一件，把壶身做成俏皮的孩子面孔的作品。因此我居然也拥有一件西方现代的茶壶，准备我的外国小外孙结婚时，当礼物送给他。

壶之妙就在它有一个壶身，一个壶盖，一个壶嘴，一个把手，共同组成一件器物。形状、大小、饰物的变化非常丰富，时代的特征也很容易辨别。可是其基本形状自南北朝以来到近代都没有改变。今天的人很难辨认酒壶与茶壶之分别，实在是因为两者极为相似的缘故。

· (明)仇英 赤壁图(局部) 辽宁省博物馆藏 画中苏东坡与友人泛舟赤壁,有童仆在旁煮茶。文人相聚,饮茶清谈,成为一种生活修养的仪式。

其实宋朝以前是没有茶壶的。中国人喝茶自南北朝开始，原先是把茶当药吃，逐渐演变为清脾、提神的饮料，到唐朝与佛教的思想相结合，才有陆羽的《茶经》出现，多方讲究起来，当成生活修养的仪式，但是这个传统到宋代都没有平民化、普及化。

大家都知道，宋代以前，喝茶是用碗，不用杯。他们把茶叶放在钵子里煮，烧开后倒在茶碗里。所以茶碗是主要的茶具。南宋时福建产的黑釉茶碗，上有兔毫，高级的更有油滴等视觉效果，为日本僧人带回日本，因此"天目碗"之名大盛，传世品被日人视为国宝。用黑碗，是因为点茶的细腻泡沫，黑底较能衬出其美感。

茶壶产生于何时？当然是在茶道改变之后的事。但后世的茶壶应该是以酒壶为原型改变而成。古人喝酒的方法有粗、细两类：以瓮为壶，倒酒易倾出，必然用大碗，是水浒英雄之类草莽人物的喝法，豪放为其特色；文人雅士讲究气氛，喝酒时要细酌，就非用酒壶不可。唐朝的酒壶的短流，恐怕是民用陶的传统，贵族人士喝酒应该是用金银器吧！到了宋代就很明朗了，酒壶有明显的金属器的特色，尤其是景德镇制造的青白器酒壶，非常细致美观，完全可以反映早期金银器的原型。它的流细长优雅，曲柄也很称手，盖上通常做个漂亮的狮纽。这样的壶被后代人误认为茶壶是可以想象得到的。其实宋代酒壶是近代供桌上的锡壶的祖先。鹿港若干年前所生产的锡器有宋器的影子。

不久前，一位朋友介绍我去看一家专门自大陆民间批货的古物商，东西真真假假，但价钱非常便宜。我自那里买了一把小壶，看上去应该是宋代的东西，可是这把小壶与明代以后的壶太相近了，这使我不免推想也许明代以后的喝茶方式，在宋代开始萌芽了。

中国人为什么改变了喝茶的习惯呢？没看到什么研究资料。大体说来，中国文化自宋代到明代凡有显著改变者，大多与金、元两代文化有关。以陶瓷来说，宋代原是以青、黑、白瓷等原色釉为主的文化，品位淡雅，到了明代竟完全为青花瓷与彩色瓷所取代，瓷画的内容也通俗化、大众化。这固然与引进了中东的材料与技术有关，可是在外族统治下，民间的品味逐渐为统治者接受，取代了上流社会的原有的品味，恐怕是很重要的原因。

磨茶为粉，煮熟后倒到碗中饮用的煎茶法，改变为用开水冲泡茶叶，饮用茶汁的点茶法，是很根本的改变。以泡茶的方式吃茶，应是王公贵族等有闲阶级的享受，不仅考究茶的品质，整个制茶的过程就是一种仪典。所以饮茶的道具很多。我曾为科博馆收到一组唐代茶具的小模型，其中甚至包括一只茶碾子，说明自把茶叶碾粉开始，都是茶道的一个步骤，更不用谈陆羽《茶经》中对煮水与茶碗的讲究了。日本人保持了宋代的抹茶传统，成为僧侣、贵族的生活点缀，逐渐发展为茶道。因为茶是绿色，所以他们不再用黑色的天目碗，改用灰、白色调的茶碗。至今不用茶壶，只有用来煮水的铁制水壶。

在中国的北方，喝茶渐渐大众化，甚至取代了部分喝酒的社会功能。南宋之后，全国出现了茶馆。运作方式是由茶博士煮好了茶，倒在客人的碗里。茶道中的仪典性完全被丢弃了，只是为了饮茶。这种方式是饮茶普及化的必然发展，再返回来影响上流社会的品茶习惯。

为了便于服务顾客，便需要大茶壶。茶壶太大，手执曲柄不易，就发明了提梁壶，也就是手提的柄做在壶的上面。因此后来的茶壶就分为两类：提梁壶与手执壶。

四系青花壶

记得小时候在北方,家里的茶壶就是这类,像个有壶嘴的小罐子。以青花瓷较多,肩上有四个系,造型朴素,所画山水或花鸟粗犷有力。

在宋代故事书上就说，"乘晓露剪拂云芽"，自甘泉中汲水烧汤以烹之。这是说现采现泡，其味无穷，既然是新芽，就不可能碾粉了，可知在宋代民间已经有了今天的饮茶法，而且故事发生在北方的赵州。

在陶瓷器上，茶壶的出现应该是在明中叶以后了。我曾在图录上看到明末的万历官窑五彩提梁壶，以及民间宜兴的提梁壶，都很精彩，可是相对于酒瓶，传下来的数量并不多。也可以说，提梁壶因为壶上有一提把，在设计上不容易成功。尤其是中、小型的壶，执壶的把手在一边，容易设计为一和谐的整体，也不妨碍使用，实在没有改为提梁的理由。

明末清初之后，民间使用茶壶的数量大幅地增长，民窑的茶壶就成为常见的器物了。饮酒待客之风渐被饮茶所取代，茶壶、茶杯成为家家必备之物。到了晚清，提梁壶少见了，出现铜把手的瓷壶。壶的肩上做上两个或四个纽，古人称系，用来安装铜把手。记得小时候在北方，家里的茶壶就是这类。北方最通用的茶壶是圆柱形，白瓷底上画着仕女人物的彩画，肩上两个纽，每个纽上有两个孔，各装着一个环状铜把手，要同时抓着两个把手才能提起壶来倒茶。

这种壶大概于民国后流行于江南及北方，南方的茶壶大多像个有壶嘴的小罐子，以青花瓷较多，肩上有四个系，造型素朴，所画山水或花鸟粗犷有力，艺术价值高。这类壶数量很多，大陆改革开放后，乡间美好的用器都找出来卖了，所以市上价钱很便宜。几年前我去马来西亚旅行，在槟城一个小店里看到几把，随手买了一个回来。可惜大家不欣赏，视为民间粗货。

南方的雅人喝茶就考究了。自从江南的宜兴生产茶壶以来，似乎配合着中国茶艺迈进了新的一步，那就是用小壶喝浓茶。中国人原本是喝不发酵的绿茶，慢慢要喝经发酵的乌龙茶了。茶艺在文人主导下，不但讲究茶香，还要讲究茶具的美感，壶的造型就成为主要的创造标的。由于宜兴的泥非常细致，烧出的陶壶手感良好，在历代名师的创造下，出现了各式各样的设计，有几种典型的样子，可称得上经典之作，非常精致，令人爱不释手。这一波茶壶热在一百年间，使中国人成为最爱壶的民族，也是拥有茶壶造型最丰富的民族。到了18世纪，全世界都在喝茶了。西方文明国家自中国的出口瓷中学到茶具的应用，慢慢也设计出自己的风格。

宜兴小茶壶，式样多，又制作了三百多年，所以数量大，年代不易判断。只有最高明的鉴赏家才分得出大体的年代。要分也不过分为清早期、中期、晚期而已，而大部分的式样，为了供应市场的需要，一直做到民国。后来大陆因"破四旧"而有些间断，二十几年后又恢复生产，所以当古物收藏是很困难的，我不收宜兴壶就是这个原因。

台湾有喝老人茶的文化，我们的包种茶、乌龙茶都是名茶，所以战后，到70年代已恢复了喝茶的风气，茶壶的讲究也恢复了。大陆开放后，台湾人到宜兴去买壶，发现几位师傅新设计的壶形，就加以控制、炒作，使造型远不如传统式样的新壶，在台湾收藏市场上卖到数百万台币，一时风靡，热度过去，就无人问津了。

80年代，我为龙山寺修复事去鹿港，在该寺的旁边小巷里有一家古物店，没有真正的古物，多是鹿港地方的旧东西，不过都带些许乡愁。有一把小壶，是闽南烧制的，仿宜兴茶壶，色深赭，有釉光与沙点。论品质，不及新做的宜兴壶，但古朴而多陈年茶锈，作为纪念品，比起产自宜兴的假古董要亲切得多了。这是我唯一的一件类宜兴壶收藏。

几年前去大陆旅游，到扬州的瘦西湖，在湖边有一家古物店，也多是民俗品，我买了一把民国的同治款小茶壶，瓷质、壶身上画童子嬉戏，淡雅可观。民国以来，文人养成一个坏习惯，就是把小茶壶捧在手里，对着嘴喝，这样可免去茶杯的麻烦，只是不甚雅观，在心理上有奶嘴的作用。我看这类小茶壶，大概是做此用途。茶壶发展至此，已成为一种玩具了。

2005 年 4 月

牡丹的造型

在古器物的装饰中,以两种图案最为常见,一是具有广泛象征意义的龙纹,一是代表富贵吉祥的牡丹花。龙,自有华夏文明就出现的图腾,历史悠久,内涵丰富,早有专门著作详细介绍,可是尚未看到有关牡丹花的文章。

我对牡丹原本并没有什么兴趣,向来视之为中国俗文化的代表。中国人喜欢"花团锦簇",就是各色盛开的牡丹聚在一起所带来的欢乐气氛,也只有牡丹有那么大的花朵,有那么多的颜色,所以很多人家里挂一幅牡丹图在客厅里,没有什么艺术价值,只是求个热闹。因此牡丹就成为画匠们最爱画的题材了。

自从唐初武则天喜欢牡丹,予以大力推广之后,牡丹几乎成为唐代的国花。唐代的器物上牡丹常以圆形图案出现,牡丹花与唐朝女性富态的美感似乎也画上了等号,成为丰富与圆满的象征。中国文化到了宋代,本已自扩张转为反省,但是洛阳的牡丹花却已成为传统,不但没有消失,而且在栽培技术上大有进步。北宋有一个李格非,写了一本《洛阳名园记》,把当时名园的牡丹详加介绍。其实北宋的诗文中提到牡丹是很普遍的。

可是这时候,首都已迁往没有牡丹的汴梁去了。皇室的品味趋向清淡，在瓷器的名窑器物上几乎丢弃了繁丽的装饰，牡丹就少见了。然而牡丹已深入人心，在上层社会不再流行，不表示民间会完全忘记，只是以另一种形态出现而已。民间瓷器上的牡丹就是一个例子。

十几年前，古物市场活跃的时候，宋代的磁州窑器在台湾很受欢迎，磁州窑的产品多为白色与黑色，大多素雅可观。可是在黑、白器上仍然可以刻花、划花或画花，仍然有丰富的装饰，与官家清一色的青灰色相比要活泼得多了。刻花有两种，一是在胎上刻成浅浮雕，然后上釉，并没有色调的变化。一是在黑釉器上刻出图案，露出白胎再入窑。划花是用尖锐的工具在釉上划出线条，近似线条画的效果，这一类大多是北宋的作品。到金代发展出画花，以上两种比较麻烦的技巧就少用了，用笔在黑、白器上大笔挥洒，看上去就活泼得多了。黑器用铁红，白器用黑色，画起来很快，既省时又生动。

这些表面的装饰，最常见的仍然是花、草，而牡丹花是最受欢迎的主题。可是在黑白器上的牡丹，失掉了颜色后，俗气的成分大幅降低，牡丹花居然也变成高雅的题材了。金代的画花白器，由于日本人喜欢，是非常昂贵的，我只能欣赏，没想到收藏。一位古物界的朋友知道我的心思，千方百计弄到一只梅瓶，通体白地，以褐黑色画了牡丹及枝叶，只是花叶稀了些，比不上日本博物馆的收藏，但可以接受。尤其因为该器出土时，一边受土侵蚀，色调变黄了些，市价因此高不上去，才在我的能力范围之内。这个梅瓶至今仍然是我最喜爱的藏品之一。

我为了找一个黑釉红花的酒壶，也花了些时间。在当时，黑釉器是下层社会的用器，所以品质上差些，上眼的东西不多。等了几年，勉强买了一只，铁花烧得不够明亮。红与黑的化学材料近似，烧制是不太容易的。

牡丹梅瓶

此瓶通体白地，以褐黑色画出了牡丹与枝叶，只是花叶稀少，加上该器出土时，一边曾受土侵蚀，色调变黄，因此市价高不上去，才被我买到。它至今仍是我最喜爱的收藏品之一。

牡丹的造型

其实在金代，红绿彩的瓷器已经产生了。在日本，这种瓷器受到极大的重视，偶尔可以在博物馆看到，在中国，这是民间器物，反而无法在故宫看到。有趣的是，在红绿彩器上最受欢迎的主题仍然是牡丹。有了红绿彩，瓷画开始以绘画技术来表现了，因此牡丹的表现法成为一个值得研究的题目。这些画工怎么画一朵重瓣而又灿烂的牡丹呢？

南宋流传下来的工笔画，对牡丹的描写是很写实而细致的。牡丹的花瓣多重而有变化，是很不容易画的一种花。几年前，名画家袁旃女士开始以宋工笔牡丹为基础，发展出一套有现代感的工笔花卉艺术来。她画了一朵牡丹给我，蓝地红花，有宋代风格，可是这种画法是颇贵族的，民间却有另一套诠释的方法。

我发现自宋至今，牡丹的画法确实可大分为官方与民间两种画法。官方的画法是写实的，虽有繁简之别，但大体上是自正面画出层层的花瓣。在元代以后的官窑青花瓷上常常看到牡丹花，大概都是团团的，以浓淡表示出层次。这样画法直到清代都没有改变。可是在民窑器上就不同了。我不明白为什么民窑瓷上的牡丹喜欢画侧面，而且很夸张地表现出牡丹花的层次。

侧面比较生动些是没有疑问的，但要难画得多。我所收藏的那只牡丹梅瓶，也是画侧面，下笔很流利，是先画芯子，然后画周围下垂的花瓣，形成一个大致的圆形。这种画法，后来在官窑器中也常见，因为它可以与画正面的圆形图案相配。可是这种画法虽然雅致，却没有办法满足民间的画师，因为看不出牡丹花层层花瓣的丰盛富丽的感觉。所以民间画师自始就走一条不同的路。

自艺术表现上看，官窑的画师与民间之分际，在于官师用眼、民间用心。前者是传承自宫廷画家，后者是来自民俗画家。用眼，是画出眼睛所看到的，着重于视觉的美感；用心，是画出心里所想到的，着重于说明心里的意思。所以今天看来，民间的牡丹花未必美观，却透露出一股稚拙可爱的风味。

民间匠师怎么去想牡丹呢？他们认为牡丹的特色就是花瓣的层次很多，为其他花朵所不及。他们自侧面画不出来，就用符号来表示，最早的画法是画一个简单的侧面，在花芯的上面，加上几层波浪式的线条，暗示很多花瓣。

日本静嘉堂博物馆的收藏中有一个著名的磁州窑枕头，也是白地黑花的，是属于精致的一类，上面有一朵牡丹花。我初次看到那只枕头的照片，以为是一只凤梨，因为那朵花的花芯是凤梨形的，后来才知道，宋、金时代的民间对牡丹花尚没有一定的表现法，那只凤梨只是一些花朵层层叠在一起的意思而已。

以磁州窑为代表的宋、金民窑，对牡丹的诠释是多样的，显现出民间匠师的活力。我手边的一只北宋磁州窑梅瓶，是珍珠地，牡丹枝叶与花朵的装饰在设计上很严谨，但不如后期画笔挥洒活泼生动，牡丹的呈现介乎正面与侧面之间，花芯为侧面，周边为正面，就是很好的例子。其实宋代民窑的各种牡丹如加以统计研究，是很有趣味的，至少可写一篇硕士论文。

也许由于文化本质上的转变，明代的瓷器虽然在技术与装饰上有进步，牡丹花的主题却不常见了。除了在官窑器上与宝相花同时以团花出现之外，民窑器上极为少见。到了明末却出现一种特殊的牡丹造型，令人无法理解，这种造型我称之为"双角牡丹"。

十几年前我在台中一家古物店看到三只五彩小瓷罐，画的是同样的题材，两面是一只凤，两面是一朵牡丹。这三只小罐都高十厘米左右，

红绿彩瓷上的牡丹

明清的牡丹怎么长出两只角呢？我把这种造型称为"双角牡丹"，或许是当时的匠师表现牡丹多重花瓣的一种方法吧？

看风格，一只大约是明清之间，一只是清早期，一只应是清中期。罐口大小一致，约四厘米，应是茶罐。牡丹的画法都是在花朵的上方伸出两个角，表现层层的花瓣。自明末到清中期，这种画法似为民间五彩牡丹的标准画法，非常令人难以索解。宋金时期的牡丹虽不写实却是可以理解的，为什么明清的牡丹长出两只角呢？到今天我也不明白。我曾见过康熙时代的五彩大花瓶，画得非常精致，但是牡丹花却也是伸出两只角的怪物。没有这两只角，就是很自然的花朵了。我只能解释这是当时匠师表现牡丹花多重花瓣的一种方法。

清代承平之后，粉彩技术的发明与此后西洋传来的珐琅彩及西洋写实技法，使牡丹花可以以真实的面貌呈现，民间几百年的牡丹古怪画法才算结束。清末民初有些瓷器上的牡丹花与我们今天在客厅里悬挂的牡丹花已经相当接近了。这使我感觉牡丹表现法的几百年历史，好像中国文化几百年蜕变的历程。我们自唐宋充满信心的写实风格，逐渐进入现世中国耽于幻想的象征风格。西风东渐，我们的信心渐失，只有依附西洋的写实技法来寻找自己的前景。

不久前，袁旃展出她近年的作品，其中有几件是牡丹花。但她是自宋代的官廷画中找回中国的风格，把写实的精神与象征的价值合而为一。她居然有耐心画出充满动态的、风吹下的牡丹花。这正是中国文化现况的写照吧！

2005 年 7 月

初探古玉的世界

我爱好古物，一方面是因为天生好古，从小就对历史有兴趣，喜欢读历史演义；一方面是因为学的是建筑，对于器物的材料、制作与用途、美感，已经养成好奇的习惯。这就是最早引起我收藏古物兴趣的是陶瓷器的原因。大多数的建筑家都喜欢美的器物，陶瓷器为生活中不可缺少的应用艺术品，与建筑的关系最近。我国的古陶瓷，自民国所藏的家用日用品到发掘的古物，数量非常多。于是，不期然的，我就跨出这一步了。

可是古物的范围当然不限于陶瓷。事实上，中国古陶瓷虽多，中国传统的知识分子对古陶瓷的兴趣却不甚大。我推测其故有二：第一，是中国士大夫的偏见。自古以来，中国读书人就有重道、轻器的习气。他们读圣贤书，闲时舞文弄墨，对于器用，视为下等人的工作。这是中国在科学、技术上落后的原因。古陶瓷器大多为有用之物，他们看不上。虽然明清以来就有精致的官窑瓷器可供收藏，在当时，却是大多数读书人所接触不到的东西。

第二，是中国人的迷信。出土的器物大多是陪葬物，与死人相处千百年，放在家里总有不吉祥的感觉。这就是为什么清末民初外国人投资修平汉铁路时，出土的唐三彩等大型雕塑品，国人不肯收藏，全流到国外去的原因。过去这些年，我把古物随便放在家里，仍然有少数访客，听说是古代的随葬品，对我毫无忌讳而感到讶异。

国人所喜欢收藏的东西是什么呢？首先是字画。读书人大多会写写字，上了年纪就学着画上几笔，文人画并不重视技巧，要点是画上的题诗，所以字画是与文人生活最接近的一种艺术。因此名人字画是他们很自然就会收藏的，其次是金、玉。如果家庭富有，到了中年就会收藏古董。他们喜欢的古董是玉器与铜器，尤其是玉器。

玉器同样是中国有钱人生活中的一部分。身上戴一块玉是习惯，同时也是身份的象征。玉器虽为劳动阶级的手工产品，可是古人以玉比拟君子，所以玉器就与读书人结下了不解之缘。就是这个原因，他们特别喜欢古玉。因为出土的玉会因受沁变得温润，或呈现可爱的赭色，所以就不忌讳曾经陪葬过的问题了。

我这个年纪的人，年轻时一脑子的革命思想，对于传统社会中读书人的落伍观念与生活方式抱着敌视的态度，因此对于书画、金玉等文人的玩物，视为腐败的象征，根本不喜欢接触，不要说收藏了。所以我直到四十岁左右，听到有人喜欢玩玉，还是不屑与之为伍的。

然而人是会变的。我离开东海大学到中兴担任院长之后不久，情绪上有很大的改变。在东海大学时期，对于建筑，我坚持功能取向，外观则直接表现结构与空间，而且很希望把建筑视为一种解决居住问题的学问。离开东海之后，已届中年，我体会到理想与现实是不相干的。我满脑子的都市与住宅建设的理想是很迂腐的，与传统读书人的治平大道相去无几，是没有机会用以济世的。因此我也不免老读书人的毛病，向排遣人生、玩物丧志的路子上走。回到这条路的第一步就是回归传统。

·（元）赵孟頫　吹箫仕女图（局部）
台北故宫博物院藏　画中吹箫女子，腰佩玉环。

　　在建筑上，我在闽南传统建筑的研究所得，以及对中国建筑史的研究，开始派上了用场。以游戏的心情创造些传统建筑的趣味，未尝没有排遣的性质，却得到大众甚热烈的反应。休闲生活里，古物的收集就很自然地回到古人最喜欢的玉器与书画。

　　除了抱着游戏的心情之外，并非没有严肃的目的。我在接近五十岁的时候，开始产生了对于传统生活文化的研究的兴趣，我忽然发现过去的中国文化的著作，大多是谈形而上的道，对于生活层面的文化，以至于自生活引申到美感与精神的这条线，似乎很少人碰过。人到中年，对于治世的志气已渐消失，就想自游戏人生中去探讨传统精神。在我最有兴趣的古物中寻找，就最适当不过了。

可是玉器要怎么入手，我并没有观念。陶瓷器经过日本人与欧美学者整理，已有相当丰富的文献，故宫博物院也出了不少图录，常常看，已可掌握若干时代的感觉。可是玉器并没有值得信赖的图录。因此，要自市场上去了解玉器，真是一片茫然。玉是一种石头，其材质经年不变，不像陶瓷有烧制技术与年代的差别。因此在我想来，新刻的玉器应与古代的玉器很难分辨。

所以就必须自上当开始。我到中兴大学就职后的某一天，逛到光华商场，看见某家玻璃橱里有几块玉，就进去搭讪。那位老板自称在学校里工作，把可信度拉高了一些。他并拿出一张台北故宫的收据，表示与故宫有半买半送的交易。坦白地说，我到今天仍不知这位先生是有意骗人，还是假充内行。我可是有向他讨教之心，就东问西问，还到他家里去欣赏他的收藏，都是很大、色黯的东西。

我买他的东西自一个璧子开始，由于他提到佩戴玉器可以辟邪的话，使我提高警觉，因此我去他的店里多次，都是看得多，聊天多，未敢轻易下手。谈得越多，越觉得不踏实，数月的往来我只买了一件东西，那是一块质地近木纹的腰带板之类的造型，上面刻了饕餮纹，素质可观。实在看不懂，问老板，他认为是汉代的好东西，这是我去他那里缴的学费。回来后不久就觉得不对，以后也就不再去他那里逛了。

由于尝试受挫，我对了解玉器的兴趣消退了一阵子。直到自然科学博物馆筹备到第三期，我开始注意到在中国科技的展示中需要一些古代器物，在一家熟习的古物商店看到一批古玉器，觉得可以用得上，就请专家鉴定，专家说有问题。追问其故，又说不出什么道理来，使我感到十分烦恼。

这时候，我常到"一言堂"与主人吴棠海先生讨论古陶瓷器，知道他喜欢用实例分析判断真伪，我就带了该批玉器中的一件到他店里，请他表示意见。他拿出一块碎片，在材料与外观、做工上几乎完全相同，是现代大陆的仿品。这是非常具体的证明真伪的方法，我建议他用大量收集类似资料的方法来鉴定真伪。因此我很幸运地随着吴先生的研究工作的成长而开始认识古玉，也偶尔着手收藏了。

吴棠海先生原是以古陶瓷买卖为主的，由于进行玉器的研究，把生意的重点放在玉器上，陶瓷倒成为副业了。他把研究陶瓷，分析、统计其制作、沁色与纹样的方法用在玉器上，很快就成为古玉的专家，我跟着他的研究，偶尔进行收藏，没有缴多少学费。

可是这种科学的辨识方法并不是人人信服。一方面，大部分的古物商人仍然习惯于观察"皮壳"与形貌的老办法，对科学方法不太信任；另方面，大陆的假古董制作能力不断提高，使得科学方法的辨识不能完全依赖。所以古玉就成为古物中争辩最多的一种器物。

我并不懊悔进入这样一个口舌特别多的古物领域，因为玉器确实是一种与中国文化最密切相关的文物。外国学者很容易理解陶瓷与石雕，因为可以与西洋的艺术相连接，使用同样的判断标准，所以陶瓷与石雕是最国际化的中国艺术；他们甚至对字画与铜器也比较有兴趣，在造型与纹样的判断上，也有若干共同的基础。只是铜器与字画已经涉及太多文化内涵了，都有文字夹在中间，使外国人不易理解。至于玉器，由于器型小，不起眼，不易在博物馆展出，所以引不起他们的注意。又由于西方文化中完全没有对等的器物，对他们来说是非常困难的。也正因为缺少了外国人的研究，科学方法的辨识才没有成熟。

玉，自古以来就是中国人所宝爱的东西，生前用来贴身佩戴，死后用来陪葬。它是最细致、最美观，也是最讲究象征意义的器物。由于器型小，没有文字在上面，要深刻地了解它，实在不容易。中国学者至今还没有掌握到它的真髓呢！

2002 年 4 月

一只玉璜带来的回忆

几个月前,我在光华商场的玉市买了一件古玉器,价钱不足过去的十分之一,使我怀疑它的真实性,可是以我的辨识能力,认定它是真品。这使我回想起先妻与我开始在古玉市场摸索的时代了。

我在《初探古玉的世界》一文中叙述了我开始收藏古玉的经过,事隔近二十年,我很想与读者们谈谈我进入古玉世界的种种,这也是一种甜蜜的回忆吧!

在前文中说过,我了解古玉,是与吴棠海的研究历程一起成长的。在上世纪80年代,我的工作是进行自然科学博物馆的后期建设,而此期建设的主题是中国的科学与文明。一方面为了个人的兴趣,一方面为了深度了解中国的物质文化,我对古物下了些工夫。可是下工夫不过是看书,只能增加一些知识,无法掌握判断真伪的眼力。这时候,我看了些外国书,其中包括了罗尔(Marx Lohr)教授的大作,才知道外国的研究早已超过全靠眼力的阶段。罗尔是一位德国艺术史家,专攻中国古器物,战后到哈佛大学教书,办公室就在佛格美术馆中国艺术史图书室,我是在那里认识先妻萧中行女士,她当时是罗尔的秘书。

罗尔的论证是全面的、科学的,但其目的并不是要辨真伪,是谈历史风格,所以看了他的书对商周古玉的风格确有所了解,但仍无法辨真伪，因为每个时代的风格固然不同，但风格是可以摹仿的。相对的，科学论证在风格的阶段，反而帮助伪造者，骗过我们比较不成熟的眼睛。这是因为风格是形式特色的大概。

举例来说，在建筑上，台湾博物馆的形式是文艺复兴式，然而它是日据时期建造的。意大利在16世纪，发明了上面用圆顶、下面用柱廊的形式，逐渐形成教堂建筑的新风格。后来经各国学习，用在公共建筑，甚至住宅上，成为一种公式。对于一般人，这类建筑只是很古典而已；对懂得建筑的人都知道它是文艺复兴风格。为什么大家不会把台博馆误为古建筑呢？因为建筑是不会移动的，欧美的建筑不会移到台湾来，因此很容易自历史判断其时代，台博馆是日本人仿造的文艺复兴式建筑。

假如不考虑台博馆的地点问题，难道就可认定是文艺复兴时期的作品吗？当然不会。略有常识的建筑师就可识出破绽，因为台博馆的建筑师只是要假借欧洲的形式，没有做假古董的意图，只要看材料就明白了。台博馆的外观远远看上去是石块，其实是用洗石子外装成石块的样子。洗石子是日本的技术，推广到台湾的。如果洗石子剥落了，可以看出它是钢筋水泥骨架、砖造的房子，是20世纪的建筑。然而在台湾建造的与在日本建造的有没有分别呢？

虽然是在日本人的监督之下，明眼人还是看得出来的，因为建筑的工人是台湾人。何况日本人并无意掩饰它坐落在台湾的事实。这些有意、无意留下来的信息，是文化的痕迹，想躲也躲不掉的。

谈了这么多建筑，不过向读者说明，风格是容易摹仿的，要辨别其正确的年代，需要更细腻的研究与细心的观察，要有历史与考古的帮助。建筑如此，古玉何尝不是如此。先认识风格，再认识材料与制作技术，是古物辨伪的不二法门。那么，年代的久远难道不会在器物上留下任何痕迹吗？

在经验上，"古"字就是年代久远的意思。时代久远的痕迹应该是辨别"古"物与否的最重要的依据。如果世界上没有仿古的观念，我们只要看到古老的东西就可认定为古物；可是自从古物值大钱以来，世人就研究如何仿造古老的感觉，以欺骗外行人的眼睛了。

上古的玉器都埋在坟墓里随葬，因此出土后大多受到侵蚀，侵蚀的情形因玉材与环境的不同大体有三类。玉质特别好，墓室干燥者，侵蚀极微，几乎与新品无异。一般说来，玉随墓倾坍后埋在土中或浸在水中，就有不同的侵蚀状况。第二类是在潮湿的环境中与衣物埋在一起，逐渐受沁，毛细孔中渗入色素，呈现很自然的染色现象。第三类是泡在水里，或许是在类似白灰水的环境中，形成程度不同的侵蚀。古人为了保护遗体，会在棺木内外撒上当时的防虫材料，玉器之质地较好的，就产生白化现象，较差的，就被腐蚀而粉化。

到了后代，发墓而得到玉器，成为国人共认的宝物。唐宋以后，收藏家都喜欢第二类受沁的玉器，因为它有古老的趣味，色泽有变化，尤其是带赭色的玉器。所以自宋代以来就研究如何人工染色了。明代以来，把玉器染得古色古香，已经成为普通的技术，所以使制造假古玉的人多了些方便。至于白化的玉器，大多出土于江南，器质较佳的，好像器表上了一层化妆粉，也相当可观，有人称为鸡骨白。古人没有仿制的动机，可是近年来，大陆使用科学的方法，做得非常成功。几年前我去良渚博物馆，在礼品店里买了一件玉琮的白化仿品，十分传神。

综上所述，可知在外观上已经无法分辨玉器的今古了，只有自细腻的技法上入手。吴棠海先生天生有科学的头脑，经过细心的观察与思辨，加上大量收集残件，在古玉的制作工艺上，写了不少文章，渐渐形成合理又可信的判断方法。在90年代初，中行和我经常与他相聚，看他的藏品，谈论辨伪的观点。所以在自然科学博物馆全馆落成的时候，我为他安排了一个古玉展。在我的要求下，他还到大陆去制造了一架古代的碾玉机回来。这可以说是有史以来第一次对古代玉器以科学的方法做了完整的呈现，同时以他的观点出了一本《认识古玉》的图录，我写了文章，以文化的观点解释古玉的形制。

吴先生的研究因此受到海峡两岸古玉专家的重视，后来在北京大学与台南艺术学院展出并授课，一时成为主流观点。然而不久就出现另一次危机。这次危机来自古物界的内讧，加上大陆仿制古玉的泛滥，论者对吴棠海的判断力产生怀疑，尤其是对他卖给台北故宫的玉器提出质疑。

由于《认识古玉》的出版，古玉制作的过程与工具的痕迹都揭露了。大陆的古玉仿制者可以按照书上的特点一一比对制作，可以做出几乎无破绽的仿品。所谓"道高一尺，魔高一丈"，实在难以应付。

在我开始收藏古玉的二十年前，价格非常昂贵，商周到战国的玉器，即使是小件，都视同珍宝，因为自西周到战国的饰品、雕饰非常精致，造型富于创意，为后代所无法企及。略大些的，除了较粗的战国龙形饰之外，价格以百万计，就不是我们能力之所及，我们只能满足于小件的欣赏，所幸这时候，精致的仿品尚没有出现。古玉市场所见的东西，只能骗骗对古玉完全无知的外行人，就是这段时间，我对古玉器的文化意义做了些思考，觉得它是中国固有美学的奠基者，因此我在讲到中国古建筑精神的时候，常常利用古玉器做说明，尤其是

充满回忆的玉璜

这只真伪难辨的玉璜,除了考验我的"眼力",也让我忆起先妻与我开始在古玉市场摸索的时代。

在空间观念方面。

新石器时代的玉器出现得比较晚，但是后劲很大。自江南的良渚文化，到东北的红山文化、西北的齐家文化，出土数量非常多，器物自较粗犷的璧，到细致而有图腾的琮，种类繁多。对于并不富有的收藏者，特别重要的是这些文化都有些素朴的饰物。最受一般大众欢迎的是小型的璧子，可以串成项饰，也可以作为腕饰。比较贵的是手镯，这都是女性收藏者喜欢的东西，然而数量大，仿品精，真伪更难辨了。中行与我的姊妹们自吴先生处买的这类饰物，到了别家古物店，总有人指出是不可靠的。吴棠海仍然坚信他的判断方法，也难于应付这些批评了。

因此古玉的真伪之辨又回到"眼力"的时代。

怎么去解释"眼力"呢？就是自经验中做直感判断的能力。如同我们在人群中看到一个熟人，不用多加思索即可喊出名字。如果加以分析，可以指出的因素很多，如同面貌、发型、衣着、身材、动作等等。可是当我们喊出他的名字的时候，这些因素都混为一体，形成一种整体的印象，使我们可以下立即的判断。同样的，古物真伪之辨对于内行人而言，在瞬间下断论，也是靠这种综合的印象。所以靠眼力并不特别令人讶异。

我们在人群中呼喊熟人有时会误认，古物辨识靠眼力也有这种问题，因此需要确认。认真看古物的人会带一个放大镜，细看表面的"皮壳"，做进一步的确认。可是这仍然是全靠经验的。只有看过无数正确的器物，才能巨细靡遗地掌握其特点；这要极"熟"才成。双胞胎兄弟相互替代只能骗不认识他们的人，因为言谈笑貌、举手投足，是无法逃过熟人之眼的。

回到眼力的时代，我近来买的那件周代玉璜是真、是假，只能看我眼力的高低了。我的眼力不过如此，虽自己有信心，恐怕还谈不上高段。可是别人的意见也只能供我参考，未必为我采信。萧中行女士已去世满十年了，就以这只真伪难辨的玉璜，作为我对她的忆念吧！

2005 年 11 月

古瓷的异国风采

十几年前,大陆古物市场尚一片沉寂的时候,在台湾,心有余而力不足的收藏者如我,有时候会收藏些中国人不太喜欢、带有外国风味的东西。这段收藏经验,到今天是很值得回味的。怎么会有这类古物呢?

其实中国陶瓷自古以来就时常受外国的影响。我国的陶瓷从唐朝以来就闻名西域了,所以在中国强盛的岁月,总有些聪明的外国商人东来,买丝绸之外就是瓷器。这些在中国普通的商品,到了欧洲或中东王侯们的手里就价值连城了。今天我们参观欧洲的王宫,常看到用中国瓷器装饰的厅堂,就是因为在当时,中国瓷器代表了权势、财富与品位,是地位的象征。

然而一旦有贸易的交流,影响就不可能是单方面的。西方的市场需要我们的陶瓷,市场化以后,中国商人吃到甜头,就希望多做些生意。一旦有了这种念头,就必须在式样上迁就市场的需要。用今天的说法,由买方主导市场,外国人的品位,甚至生活方式就会逐渐影响器物的制作。这是真正的文化交流。

很多年前,我第一次看到唐代的长沙窑器,感到很新鲜,很讶异。这种带褐色的青瓷,在轮廓、线条、装饰各方面,都保有中国趣味,尤其是图饰，简直是开后期陶瓷画的先河；然而长沙窑器中最常见的器型是开口壶、罐，尤其是带短嘴的壶，虽然好看，只是不明白它的用处。茶壶不像茶壶，酒壶不像酒壶，究竟是什么东西？后来我知道长沙窑原来是最早的贸易瓷，才恍然大悟。这原是为了中亚民族制造的商品，那么应该是奶壶或水壶了！我并没有深入求证，但至少对其造型可以了解了。在长沙窑出土量大的时候，我买过两只，但摆在桌面上总不协调，后来不知收到哪里去了。

自唐到北宋，尤其是辽代，北方民族对中国瓷器的影响一直存在，但只限于某些游牧民族会使用的器物，如扁壶等。可是到元代，情形就大翻转了。有两个很重要的因素：元代疆土辽阔，包含了中亚地区，中亚的生活方式影响了元人，因此异文化的需求很自然地融入中国陶瓷主流文化了，此其一。另一方面，波斯出产的钴料，不知何故，流传到中国，产生了景德镇的青花瓷器，正式终结了辉煌的宋代瓷文化的高峰期，进入近世的明清瓷文化期。

到今天，我们已经忘记了明清以后的青花瓷原是蒙古人带来的异域文化了，还以为那是标准的中国产品呢！所以在清代故宫的收藏中，宋代的汝窑、官窑很多，明初名贵的青花也很多，只是少有元代的青花；这显然是中国人的偏见所致。相反的，在土耳其伊斯坦布尔当年奥斯曼王朝的托普卡帕宫中所收藏，则拥有重要的元青花大盘。老实说，当时的景德镇是用中国人的技艺为伊斯兰教王侯服务而已。这种交流停止后，就内化为明初的瓷器，盘、碗渐渐变小了，型制中国化了，终于成为中国人所最常用或最喜欢的瓷器了。宋代以前的瓷器虽然仍生产不坠，其主流地位却完全消失了。

青花器型内化以后，难以相信的，中国人有意地不承认元青花瓷

·（日本江户时代）洛中洛外图卷（局部） 东京国立博物馆藏　这幅江户时代的风俗画，生动呈现了京都市街的繁荣景象。其中一间小铺内，摆满了各种日用陶瓷器。

的存在，且认定元代的瓷器是粗陋不堪的东西。元人是边疆的粗人，只会骑马射箭，怎会做出精致而有绘画装饰的瓷器来呢？他们没有想到，瓷器是中国人做的，只是为蒙古人及西域民族所用而已。

很多年前，大陆尚未开放，完全无文物出口的时候，台湾的古物店（当时大多在中华商场）可以看到的是元代以后出口到南洋的瓷器。元明以后，南洋尚是落后地区，尤其是民间，对中国瓷器的需求量很大，但并非高级品，那种动辄价值上千万的元代大盘是少有的，但一般民用瓷却发现了不少；明代以后的比较多，品质不太好，因为是次要市场，出售的是次等货。出土最多的是沉船，当时航海较多事故，在海运路线上，自澎湖、东沙、菲律宾群岛，有不少运瓷的船只沉没。这类瓷器，与陆地上出土的，均有些流入古物市场，来到台湾。有少量是元代青花，无非小碗小盘之属，已经足够令人大开眼界了。

在我开始逛古物店的时候，根本不敢奢望看到真正的元明青花。偶尔看到小件的元青花，总说是从南洋来的，当然是贸易瓷，却也不容易了，因为元瓷是后世瓷器的源头。开价在当时来说，都是很昂贵的，因此捧在手上，简直当宝贝一样。我曾花了几万块买了一个小香炉，高不过三寸，高颈上有两只耳朵，腹部在浓釉而多气眼的青白瓷上，潇洒地画了简单的缠枝。我把这件小东西当大器来欣赏，还着实得意了一阵子，直到有昂贵的大型之青花器出土，我对这类小器的热诚才稍减。到今天，这类东西可能已没有市场价值了。

十几年前，台湾古物市场活络的时候，偶尔看到自日本回流的明末瓷器。明清中国的贸易瓷，向南洋输出的，不但以次等民用瓷为大宗，而且是地道的中国产品，因为南洋市场是卖方市场。当时的瓷器也输往日本，然而日本虽然喜欢中国瓷器，却也有自己的品味，就免不了回过来影响中国瓷器的制作了。

日本人接受中国瓷器原是以唐宋瓷文化为主的，他们把单色瓷的淳朴造型与釉色视为神圣不可侵犯。自从明代中叶以后，他们也接受了瓷器表面以图案装饰的风格，可是他们特别喜欢的还是元明以前金代的红绿彩瓷，就是白地上红色与绿色彩的瓷器，他们称之为"赤绘"。对于中国主流瓷器青花却不甚欢迎。在当时，他们向中国订制"赤绘"，很可能提供了图样，因为这时在中国，红绿彩已经不流行了。日本人喜欢的青花瓷近似晚明天启年间的作品，只在青白瓷上简单地写意。可是中国在天启前后都没有这类瓷器，所以我也怀疑天启的青花是受日本品味的影响。清人入关后，这类瓷器都是日本人自己生产了。

我发现自己对瓷器的爱好很近似日本人。比如日本人很喜欢嘉靖、万历时代的五彩器和天启的青花，这些风格在日本一直流传到今天，所以我也很喜欢日本的近代瓷器。我的这种偏好使我很容易误把日本人的瓷器当成明晚期的作品。记得多年前，在台中的一家古物店里，买了一只红绿彩方形的盖盒，上面的图样是笔法飘逸的一对鸟，以为是明末的东西。这个盖盒并不密合，是万历时期产品常见的毛病。问起来，古物店的主人也说不出道理，只说可能是明末的贸易瓷。到今天我还弄不明白这件东西究竟是中国货还是日本货。而这种简笔鸟形装饰是偶尔可在日本器物上看到的。可惜研究中国贸易瓷的人太少了。

前文提到的天启青花，我也买了几件，一般说来，由于国人对它没有兴趣，市场价格提不上来。可是简笔的图案，一方面颇有禅味，一方面颇有现代抽象的意味，与万历年间以庸俗浓妆见长的风格比较起来，要高雅得多了。只是弄不明白，何以明末瓷文化忽然短短的几年，生产这种仙风道骨的东西？我曾买过一个怪物，至今说不出个名堂，下半部圆腹三足，很像鼎或炉，上半部像盘子，菱形，边沿弧形上折，青花潦草勾边，画了四只似鸟飞翔的乌龟，中央画了两条船，其中一条船上坐着一个渔人，做工与画工都很粗，却似有意潇洒。这件东西没有一条对称线，不伦不类，除我之外没有人会买，买回来不知放在哪里，也不知如何放置。可是我却把它放在眼前，时常看它，琢磨它的味道。文化的交流会产生创造的火花，这件我暂称它为菱形炉的东西，符合现代创意强行结合的概念，既传统又反传统，颇有叛性，是中国瓷器中少见的异物。有时我不免想：这是出自国人工匠之手的东西吗？会不会也是日本货呢？

大家都知道，到了清代，国泰民安，瓷器的技术精进，中国陶瓷进入精工细琢、外装华丽的时代。对外的贸易，也因此而大盛。专门为外国王公贵族制作的瓷器，据说都在景德镇做好烧好第一道，运到广东，在商人的督导下，从事外装的设计、制作。所以贸易瓷的数量极大，作品亦极精，却一直不合国人的胃口。今天我们在国外博物馆或拍卖场上常看到的这类中国瓷器很多，对中国人而言，那是外国瓷，虽然上面画的是中国仕女。可见器物是一种文化的产物，骗不了人的。

这种情形，一直到民国初年都没有改变。只是越到后来，外国人对中国文化的了解越深，他们渐渐也能欣赏纯中国的风味了，市场上就起了些变化。一方面西洋市场上已有标准的官窑器物在交流；另方面，商人开始烧制仿品，供应外国一般市场，外国的中国艺术史学者促成了风气的改变。

古 瓷

这件奇怪的瓷器,下半部圆腹三足,很像鼎或炉,上半部像盘子,青花潦草勾边,画了四只似鸟飞翔的乌龟。做工与画工虽粗,却似有意潇洒。我把它放在眼前,时常看它,琢磨它的味道。

古瓷的异国风采 | 47

我收藏的第一件青花,就是一个蓝地白色梅花的梅瓶,做成康熙青花的样子。我以为捡到便宜了,不久后才在外国的古物拍卖刊物上发现类似的东西,知道是晚清、民初的仿品。那其实是一件贸易瓷,台湾的古物商不明所以,却用来骗中国人了。

2006 年 3 月

青铜器中的童趣

古老的青铜器与小孩们好像永远连不起来的。想到青铜器,自然想到历史博物馆里那几只百公斤重的大鼎,想到故宫的国宝,大平底锅子样的"散氏盘"。孩子们也许会在教科书上看到几张图画,可是要他们发生兴趣,几乎是不可能的,两三千年前的东西对小小的心灵来说实在太遥远了。不但孩子们感到陌生,大人们又好到哪里呢?

古代青铜器给我们的印象不外两点,其一是怪异的形状,其二是上面的文字。过去的读书人除了对有政权象征的大钟大鼎有兴趣外,几乎只对上面的文字有兴趣,因为文字不但与古文字的学术有关,而且还有史料在里面。对古怪的器型,则几乎都是存而不论。散氏盘就是因为文字特别多才有名的。可是在今天看来,器物的形状值得我们认识的内容太多了。

很多年前,我在外国博物馆第一次看到动物形状的青铜器,心中升起很多疑问。学者们都认为青铜器是礼器,应该是大型的饮、食用器才对。要做得考究,表面可以有装饰,但做成动物的样子是为什么呢?我记得有一件青铜器是做成大象的样子,它背上的盖子上则有一只小象,看上去很是逗趣可爱,这忽然使我误以为是当时孩子们的玩具。

后来我知道,这类动物造型器一律称为尊或彝,其意是盛酒的容器吧?可是用作酒器,杯子样的觥与觯比较便于倾倒,为什么要做成动物的样子?如果我们观察商周的青铜器,会发现他们礼器上的装饰都布满了动物的形象。即使整个的器型不是动物,也尽其可能地在腹上、腿上、耳上、口沿,使用动物的图案,甚至镂出动物的头部,突出于表面。可见动物在先民的心目中是有神灵的,通过生灵的形象可以接近鬼神世界。

先民的心灵是黑暗又神秘的,但是与童心之间并没有多少距离,否则怎么会做出那么逗人的造型呢?看青铜器上的动物图案,最可怕的是兽面,相信这是用来吓走恶鬼的,所以大部分的器型上都有兽面为主要图案。兽面的两只大眼睛是容易辨识的。可是到周朝,设计师就设法把兽面支解。耳朵、两腮等都变成一些小动物。如果没有童心,怎可能有这样有趣的组合呢?

设法调整自己的心思,以童年的想象来看青铜器,好像处处都充满了生气。试想今天的儿童喜欢些什么?不是万事万物都可以生灵化吗?在孩子们的眼里,世界是一个大偶戏团,漫画与动画的流行,正回应了孩子们的想象。在我看来,这与先民的想象是相通的。他们制造了动物形的青铜器来娱鬼神,其实是以人心来度鬼腹,以为可以使鬼神高兴,因此得到他们的保佑。

做成牛的样子叫作牺尊,做成鸡的样子叫作鸡彝,其实是高贵的玩具。它们的大小都可以双手捧持,仔细玩赏。它们的身上布满了动物的形象,好像孩子们玩的贴纸一样,有些有意义,有些完全只是游戏。我相信是没有深意的,只是想尽办法让它活起来,让想象力飞升。这

青铜器中的童趣

先民们发挥丰富的想象力,制造出动物形的青铜器来娱乐鬼神,让青铜器不再是沉重的礼器,反而更像一群小精灵附体的东西。

就是孩子们的兴趣所在。青铜器像一群小精灵附体的东西。

我的意思是，你把青铜器当玩具看，也许比学者专家们更能认识它们的真精神呢！

2006 年 5 月

陶瓷器的纹饰

中国陶瓷史上有一个很有趣的课题就是陶瓷装饰纹样的发展。人类烧土为陶,是文明进步的里程碑,从此大大改善了生活,改变了生活方式。陶器用为容器,可以储物,可用于饮食,本是非常实际的,然而人类有爱美的天性,发明了陶器不久就想尽方法予以装饰,并不知不觉中把美感带进器物的外形中。所以到了距今五六千年的仰韶文化时期,陶器就很像样了。不只是像样,简直是连今人都很难达到的、美不可言的境界了。

很多年前,大陆初开放的时候,经香港偶尔会流出一些彩陶。在台湾,真正爱陶的收藏家,过去只能从日本人出版的书籍上看到的中国古陶,忽然见到真东西,其感动可想而知!据说有一位收藏家,自日本买到一只马家窑的陶罐,为它买了一张飞机票,捧着回家。好奇与稀有是一个原因,古彩陶实在是很美观的器物,造型与纹饰都是第一流的,令人爱不释手。

我开始收藏大陆古物的时候,偶尔可以见到的彩陶,并不是很高级的半坡或马家窑的东西,而是年代较晚,量也比较多的马厂文化的产品。可是对我来说,可以亲手摸到新石器时代的陶器,已经出乎想象之外了,所以尽我的能力买了几个大大小小的罐子。

古代的中国人使用陶器几千年,当然有些聪明才智之士把精神投注在上面,创造了在今天仍令人惊叹的器物,实在不足为怪。以器型来说,后世所有的样子,当然差不多都有了。其轮廓之美,与后世作品比较,有过之而无不及。我最感兴趣的是河南庙底沟出土的盆子,其S形的轮廓,上半段外鼓,下半段内收,极为优美,不但是器型少见,其纹饰也很特殊,在淡红色的陶器上,用黑色、红色、白色画成各式图案,线条流畅。大陆的学者研究这些图案的意义,无非都是自动物,如鸟、鱼、蛙等转变而来,对收藏家而言,只要好看就可以了。

可是这样高级的彩陶,只能看图片,很少见到实物。甘肃马家窑的罐子,有浓密的黑线条图案,偶尔间以红线,表面打磨得精光,非常壮观,可惜也并不多见。台北的故宫本来并没有彩陶的收藏,最早是一位日本收藏家,热爱故宫文物,送了些古陶,其中有一件就是彩陶罐子。当时很稀奇,展出时我去看了几次。我们可以买到的青海一带马厂文化器物,外观与马家窑相近,但质地差些,纹样也比较粗糙,在当时,我已经很满意了。到今天,因大量出土,已经不稀奇了,可是我看到它,觉得以新石器时代的知识与技术,能很匀称而流畅地画出动人的图案,应该是当时的高科技,相当不容易的。

进入铜器时代,古人的兴趣转移了,陶器的重要性降低,最聪明的人都去制造铜器或玉器了,陶器成为最普通的实用器物。自商到周,一千五百年,陶器在装饰技术上没有进步,只是烧出硬陶,器型也工整些。到了汉朝,才逐渐发展出上釉的陶器,大陆学者已经把它称为瓷器,甚至上推到商代。总之,陶器的进步限于烧制技术,表面工夫则下在釉色上了。

到了中唐以后,陶器上釉的技术已经成熟,渐渐可以在釉上加装

甘肃仰韶文化的陶器

装饰纹样是中国陶器史上很有趣的课题。人类烧陶原本为了储物，但也有爱美的天性，才想办法予以装饰。距今五千多年前的仰韶文化，器物上的纹饰已达美不可言的境界。

陶瓷器的纹饰

饰了。唐三彩的华丽装饰是大家都耳熟能详的，但是三彩主要是利用釉色的自然流动做装饰，不是在器物表面另做文章。所以唐三彩的美是自然，不是纹样的设计。即使在比较精致的器物上有纹样，表现出来的仍然是明亮彩色的美感而已，并不是纹样。

纹样设计的明显呈现，是唐朝的长沙窑。据大陆学者的研究，长沙窑在当时是以外销为主。它是一种灰褐色的器物，以大口、短流的壶为大宗。壶身上面的装饰有些是贴花，然以釉下彩绘为多。这完全是一种新技术，使得陶瓷与绘画相结合。这时候的彩画以民俗画为主，多为花鸟与人物，笔法非常生动流畅。长沙窑的彩画是否为外销而画就很难说了。记得多年前我第一次在古董店看到长沙窑壶时，简直不能相信自己的眼睛，在过去，我经常以为宋代之前为单色瓷，到元代以后才有绘画的装饰，即使把后来的宋代磁州窑算在内，最早也推到北宋，唐代瓷器怎可能有绘画的装饰？因此我由好奇而研究而喜爱，自然也就收藏了几件。

后来我知道，其实在瓷器上加纹样装饰，到唐代技术成熟时就很流行了，并不限于长沙窑，连越窑的青瓷也普遍使用，宋代之后的瓷器以单色釉为主，越是高级的瓷器越以单色为主，强调釉色沉静之美，其实不是唐代以来的传统，而是宋代文化的特色！

在我的内心是喜欢单色釉的。因此在我买到的长沙窑罐中，有一只是近乎单色的，该罐器型很小，但非常完整，是一只很好的标本。据说原本台北故宫打算收藏，可是因为上面写了两句通俗的谚语，"君子积德，小人积财"，被秦院长否决，我反而因为这个文字的装饰把它留下来了。

宋代的民窑，磁州窑的产品，虽只有简单的黑、白两色，有些很精致的器物，表面大多布满了装饰。民间似乎延续了唐代喜爱装饰的传统。与唐代长沙窑比较起来，磁州窑的器物在装饰上要严整得多，也就是比较图案化、制式化。长沙窑器上出现的花鸟与小动物，磁州窑器上看不到了，以宝相花、莲花等为主的图案都很流行。这是什么道理呢？宋代的民间品位也变呆了吗？

我推想宋代磁州窑的高级产品应该属于上流社会的用器。唐代的上流社会生活用具大概以金属器为主，装饰比较图案化，制作比较严整。到了宋代，瓷器发达技术精进，上流社会生活中逐渐改用瓷器，是很合理的推想。所以北宋的瓷器在型制上很像金属，连带的，器身上的装饰也跟着金属器走。白色磁州窑器喜欢用"珍珠地"就是很好的证明。我最宝贝的收藏之一就是一只白色磁州窑珍珠地，宝相花纹的瓶子。

要把生动而写实的绘画用在瓷器上，还要等几百年，到了相当于南宋的金代，才掌握了在白色器上加彩的技术，用红、绿彩画花鸟或人物故事，可是在当时，这种彩画流行于民间并不为上流社会或帝王所喜，反而为日本人所接受，成为早期日本瓷画的特色，直到今天仍可在日本瓷器上看到红绿彩的风味。我猜想，由于民间的彩画下笔有乡野的味道，潇洒自然有余，高贵严肃不足，却合了日本人的口味，这种民间画风直到元代青花瓷发展成熟后，才由红绿彩变为单彩，为中国社会所普遍接受。

青花瓷器的技术应该是自伊斯兰教地区通过蒙古的帝国力量传来中国的，所以没有经过幼稚发展阶段，当出现在元代景德镇窑时，就是相当完美的成品。由于来自伊斯兰教，青花的装饰也是以植物纹样图案为主，而且流行遍装（遍装就是布满全身的装饰，是当时的专有名词）。可是来到中国后，不能不与中国文化相结合。中国本土的贵族

· 唐代长沙窑器物上的花鸟纹饰

文化随宋王朝的灭亡而消失，它们就与地方民间文化相融，这时候的民间最流行的是杂剧，所以在几何图案装饰中开窗口，加上些民间喜欢的故事主题是很自然的。

最重要的进步在钴料的运用，用钴画釉下彩，使用毛笔，可以画出与墨在宣纸上同样的效果。这使得青花瓷上的装饰画很接近水墨画。线条可以很细致，可以有墨润。由于是素雅的单色，也近乎社会品味的传统，所以很快形成以后六百年的瓷器风貌的新方向。

到了明代中叶，伊斯兰教的影响已渐遥远，席地使用的大型器物减少，出现适合中国人使用的小型器物，连带而来的是在白地的瓷器表面画素雅的小画，完全为青花，或以钴青勾画轮廓，再填以彩色，这就是自古闻名的成化时期的鸡窑杯之类。到此，中国瓷器的装饰画几乎已成为画家的表演范围了，瓷画的画家仍然只是熟练的匠师而已，但却为往后三百多年的瓷器装饰开了先河。

2007 年 7 月

古物的记忆价值

二十几年前,在我初次接触古物的时候,以为古物的价值与它古老的程度有关,也就是隐约地感觉,越老的应该越值钱。在当时,一些初入道的古物商人也有同样的认知。我记得,问起出土古物的价钱,有些商人就会说,这东西已经两千年了,每年十块钱,也值两万块,我不过卖你一万,等于捡到了嘛!

当然,这种以年代计价,多少有些开玩笑的性质,但对初识古物的人,年代的久远确是价值评估的重要依据。在我们的文化资产法规中,年代久远也是评估的项目之一呢!然而对于古物之了解逐渐深入了之后,才知道年代久远并不是重要的评估要件。古物者,古代文明之遗物也,所以大陆的官方称之为文物。既然是文物,就要注意这个"文"字。一件古物的价值应该由它所能代表的文明或文化的内涵来决定。如果只有年代久远,那么任何一块顽石,可能都有几千万年的历史,古物有什么值得珍惜的呢?

所以古物的价值要视人类所投入的精神来判定。在遥远的新石器时代,一块顽石经过先民的敲打形成斧状石器,就成为古物,为考古学者研究的对象。但它的价值有限,因为呈现的文化内涵十分有限。因此早期的陶器,即使很丑陋,可以从中理解古人类制作的技术与生活的方式，显然就比较有价值了。这是文物价值评估的第一阶段。

可是现代社会对古物的兴趣并不限于考古学家与历史学家，相反的，古物是因一般知识分子好古的态度才受到重视的。中国古代的好古风与西洋近世的好古风都是同样的来源：对古文明的好奇心。中国汉代的帝王会因发现周代的鼎而改变年号，西方的列强会到古老文明国家夺取古代文物，放至博物馆珍藏，更不用说民间的收藏家了。

这种把古物予以"宝"藏的观念，除了好古的基本态度外，实因好奇、好美是人类的天性。古代的人类基于他们爱美的天性，就能力所及，制造了他们所需要的器物，今人有意无意地发掘出来，为好奇心所驱使，受美质之感动，乃生拥有的念头。这已经超越了知识寻求的范畴，进入艺术鉴赏的领域。收藏家乃以工艺、细致程度、造型之美感水准来品评文物。这是文物价值评估的第二阶段。

到了这个阶段，年代的久远性已没有那么重要了。三千年与三百年虽然有极大的年代差距，但文物的雅致性才是决定其价值的主要因素，所以一件周朝的文物不及一件清朝的文物值钱，并不是值得惊讶的现象，它们都是古代文物，只是远古与近古之别而已。近古帝王之家的用品胜过远古普通百姓之家的器物是理所当然的吧！

既然古代之久远性不再那么受重视，自然就会考虑到，古物与今物的分别。究竟多久远的年代才算是古物呢？才称得上文物呢？过去在文资法上较常见的年代的规定，大概是一百年。这当然是有争议的。在历史很短的国家如美国，百年是很久的，但在历史悠久的我国，清朝似乎就在眼前，怎能把晚清看成古代呢？百岁的人瑞虽稀有，但也偶尔可见，"古"，究竟怎么解释？

到今天，没有学者认真讨论"古"的定义，实在想不通，就找英文的释义来看。在英文中，古字可以释为 ancient，也可为 old；前者是古代，后者是古老；也就是说，古可以当"老"解释。老，可以把年代拉到今天世代的早年，可以指老年人的童年。那么，所谓古，只要生活方式改变了，我们已不再熟悉的、过去的岁月就可以了。古物，就是今人不再使用的东西！

20世纪以后，由于机器的进步一日千里，生活方式快速改变，一个世代的变化相当于过去数百年。以年代来计算，五六十年已经很久远了，生活器物都可以进博物馆了。我年轻时使用的留声机、唱片、打字机、计算机都可以当成古物，进博物馆了。

这样近期的年代，古物在我们生命之过程中已经产生了，古物的价值观必然大大地改变。这时候，奇，已经不是评判的标准，美的判断价值也大幅降低，感情的价值却出现了。那就是可以勾起我们的忆念，使我们为生命的逝去而慨叹的感情价值，成为评估的主要因素了。我把这种新的文物价值视为文物评估的第三个阶段。

仔细想起来，古物年代久远的价值之逐渐淡化，是文物生活化的趋势造成的。我们不再扮演业余考古学家的角色，不再是挑剔的鉴赏家，而成为生命的回顾者。在今天的物质世界上，充满了各种各样的物品，为满足消费者的占有欲，商人准备了一波波的时髦产品，推出了比古物还要昂贵的新奇产品，使我们买不尽，看不完。"新"的力道已逐渐把"古"的爱好抵消了。这一切不过为满足人类猎奇的天性而已！"奇"猎不尽了，回归到生命的反省，因此在我记忆中的"老东西"的价值就提高了。对老东西的收藏是富裕社会中的现象之一。

台湾社会对老东西的珍惜到什么程度呢？

最近由于某一机缘，为一个展览搜集些台湾民艺。我在二十几年

粗朴的民艺品

一件古物的价值原本经由它所能代表的文明或文化的内涵来决定,现在则变成可以勾起忆念、使我们为生命逝去而慨叹的感情价值为评断标准。在这种意识下,一只粗罐也许比清代官窑器更有价值吧。

古物的记忆价值

前曾是民艺品的收藏者,所以对这些东西还算熟悉。已经很久没有逛民艺品店了,多少有些生疏,但很快就找到门路了。我发现他们所卖的货品有了很大的改变:居然有些不认识了。这是什么缘故呢?

二三十年前,台湾的民艺品充斥市场,市民并没有太多兴趣,除了少数天生好古的人如我,把它们当古物收藏外,最大的顾客是住在阳明山、天母一带的外国人。所以比较好的东西,如古建筑拆除后的木雕,大多集中在天母附近的民艺店里。记得当时的价钱,几千块台币,以美金计是很便宜的,动不动也相当于市井小民一个月或几个月的薪水。当然,在中、南部的旧物店里要便宜得多了。

到今天,当年的民艺店都变成古董店了,卖的是大陆的古物。哪里有那么多古物呢?当然以大陆民艺品为多,稍微像样些的,常常是进口货。可以想象,大陆庞大的乡村地区,生活尚相当于台湾二十年前一样的清贫,把家里的老东西拿出来换点钱,多少有些帮助。何况大型的家具多已失去生活的必要性,如带架的床,高大的供桌,太师椅等,都已是无用之物,能有傻瓜买去,岂不省事!所以艺品店里全是大陆货是不足为奇的。使我感到讶异的是台湾当地的艺品已完全消失。我曾到淡水老街走了一趟,到民艺店一一拜访,竟没有看到几件台湾东西!与店主谈起来,都说没有啦,家里有的不肯卖,偶尔有几件也立刻被人收去!真想不到,台湾中产阶级的市民已经到了固守自己的忆念,珍惜童年岁月摸过的器物的时代了。

台湾人今天珍惜的老东西,极少数是清末流传的东西,大多是日据时期在台湾制造,供当地使用的器物。这类生活用具一直使用到战后,到60年代台湾新工业生产新产品才有了变化。以餐具来说吧,日据时期流行的,带有些日本风味装饰的大盘、大碗,渐为大同生产的,具有中国大陆宫廷风味的小碗、碟等成套餐具所取代,接上中国正统风格。甚至茶具也渐脱离日本茶道的影响,回到福建老人茶的方式,茶壶几乎已宜兴化了。因此日据时期的器物都是这一代童年的回忆。

为了寻找台湾民艺,我到中、南部走了一趟,不能说走遍,仅就方便处查访了一下,也看不到多少。凡是像样的、有闽南风味的东西,不论是木雕、竹器、陶器,盘问之下,十之有九都是大陆进口而来。我真要举手投降了。自某一观点看,这是很好的现象,台湾人终于自童年的忆念感受到本土的独特与可贵;爱惜自己的记忆就是珍惜自己的生命。至于这些年不过半百的文物,是丑是美,是精是粗,都不是大家所关心的了。在这种意识下,一只粗罐也许比清代的官窑器更有价值吧!

2008 年 4 月

辑二

发现真实的挑战

彩瓷的雅与俗

我醉心于中国陶瓷文化近三十年，在我心里一直有一个无解的问题萦绕着：宋人真的不喜欢彩瓷吗？

读中国的文化史，常把宋人视为沉静、内省文化的时代，是中国艺术品位的高峰。这样说，与宋代的瓷器是有直接关系的。宋人留到今天的，除了文章、诗词与书画之外，最受世界瞩目的是单色的官家用瓷。因为瓷器是实物，汝窑与官窑器，被视为人间宝物，完整地呈现在眼前的感动，不是一篇文章，或一张变色的古画所能比的。从天青到灰青，其润如玉，真是素雅之最！灰青之外，宋代的瓷器，不是白色如定窑器，就是黑色如建窑器，似乎沉静的单色就是宋人文化的表征。

真是这样吗？这样去阐释文化的精神是很合情合理的，而且容易得到共识。可是我不能不怀疑，宋人是真心喜爱单色瓷呢，还是技术上的限制使他们只能在单色瓷上下工夫呢？一个有趣的问题是，如果在宋代出现彩色瓷，宋徽宗会不喜欢吗？

我们今天知道在唐代，日用陶瓷并没有彩色的技术，只有陪葬使用的三彩器才有美丽的色彩。以唐人的性格，照说应该设法发展彩色器物才对，所以我们可以推断，唐人未有彩瓷，不是不爱，而是不能。他们的陪葬品中有很多是陶胎上涂彩色的，几乎是承袭了汉代的传统。可是宋代的墓葬中除了墙上有彩画外，不但没有彩色的瓷器，似乎没有出现有色彩的陪葬物。自唐代经辽代传下来的三彩器，到宋代成为素三彩，而且非常少见。这是不是表示宋代真的是不喜欢彩色的文化呢？

不然。在宋代的定窑器中，有描金花卉或描金彩云的记载。少数的传世品都是在白底或黑底上画上图案，然后入窑烧过，但还是容易脱落。但足以证明，他们是受技术的限制才不在彩瓷上动脑筋的。这也说得过去。文化的现象是整体的，科技的水准与审美的态度息息相关。宋人在既有的陶瓷技术上追求美感的升华，得到凝重与蕴蓄的美，是完全可以了解的，这样的釉质与色感的控制，所达到的素雅内敛之美，成为人类文明史上的伟大成就，恰恰与宋代内省的文化相契合。

其实南宋时代的北方，金人的文化，有些草根性，已经开始发展彩瓷了，那就是磁州窑中的红绿彩器。在白底的瓷器上，草草数笔，好像发现了彩色世界的奥妙时，心头有一种掩不住的兴奋。可是技术还没有成熟，真正的彩瓷要到景德镇的青花瓷技术发展完善之后，才逐渐成为瓷器的主要品种，为全国民众所喜爱。

青花是指用蓝色在瓷器上画花样，这是改善国人品味的技术。为什么中国人忽然放弃了发展得十分完美的黑白刻画的瓷艺，改用毛笔画蓝色花样的瓷艺？中国学者不肯承认，但不用大脑也知道，这是元代通西亚后，自波斯传来的品味与技术。在今天看来，青花瓷恰恰是中国文化自单色瓷到彩色瓷，在品味、技法与科技上的过渡。彩瓷代表近世中国的文化是非常适当的。

我有一位朋友，若干年前与我一起逛古董店，坚持不碰彩瓷，他的理由是，彩瓷太俗气了！他看到我对彩瓷颇有兴趣还颇不以为然呢！彩色相对于单色真的是那么俗吗？

粗略地看起来，确实如此。

以市场的反应来说吧，除了宋官窑、元青花等稀有著名器物外，市场对明、清两代的官窑彩瓷始终保有高度的兴趣。近年来，大陆的有钱人开始抢购官窑瓷器，越是五彩缤纷，看上去俗不可耐的东西，市场的价值越高。只要有乾隆年制的款，总有人感兴趣。最近十来年的古陶瓷市场，由于日本经历了长期的经济衰退，改由中国人主导，显现出中国人对世俗彩色的爱好。唐宋前的高古器物，则从此一落千丈，几乎无人问津了。

中国的近世文化确有世俗的性格，当然，科技上的进步本来就有世俗化的倾向。但是这并不表示为了满足大众的喜爱，就不可能创造出雅致的艺术，明代中叶的彩瓷就是非常素雅的。

记得在二十几年前，我开始进出古物店的时候，真伪不辨，曾经买过两件明代五彩的仿品。自价钱上，我知道是仿品，可是眼力却不能分辨，只能对着书本上的照片去琢磨。今天想来，这两件东西虽然便宜，但还是太贵了。我为什么要买呢？很简单，因为它们不俗。我把它们放在客厅的桌子上，来我家访问的朋友都说好看，以为十分难得。其中一只是嘉靖的天马罐，当然难得，因为世上没有这样的传世品。它是把台北故宫藏品中的一只小罐，放大为二十几厘米的罐子。但是仿品的制作者掌握了嘉靖五彩的精神，因此收到真品的视觉效果。

明代的彩瓷是很高雅的，因为彩色的技术发展的初期，尚不能用以写实，只能用平涂法使图像增加些颜色，所以稚拙中趣味盎然。在

热闹的五彩

我对古物的兴趣焦点是万历五彩,买不起就只有看。五彩者,使用各种颜色取代青花之意,除了青花的蓝彩外,有红、黄、绿、赭等彩,轮廓线多用黑色,所以非常热闹。

| 彩瓷的雅与俗

中国瓷器中,价格最高的东西不是宋代的官窑器,而是明代成化年间的鸡缸杯。这是一种高不盈寸的小酒杯,用淡淡的蓝色、熟练的笔法画出几只鸡,通常是公鸡母鸡带小鸡的画面,非常素雅可观。在青花烧成后,用红、黄、绿等颜色平涂在鸡身上,予以点缀,造成稚气而活泼的感觉。这种小杯子在明代已经贵不可言了,今天能见到一只清雍正仿品都是很不容易的。

鸡缸杯这种彩色,以青花为底子,是最高雅的彩瓷,称为豆彩或斗彩,到明晚期就少见了。这类高级瓷器太昂贵了,我玩不起,只能看看。斗彩是"原始"彩瓷,到清朝不流行了,可是在艺术品位很高的雍正王朝,还有一些作品,比较常见的是一种中型的盘子,大概是供官中日常使用的,盘中所画的是"天仙芝寿",一块太湖石,点缀着天竹、水仙与灵芝。主题是祝寿,有一点俗,但是整体的画面与色彩,是美不可言的。

在古物热的那几年,我曾在香港访问了一位大收藏家,欣赏他家里一些珍贵的藏品。居然看到一只天仙芝寿盘子,随意丢在地上,与杂物放在一起,而有些昂贵却并不甚入目的大件,则高居尊位,使我很不服气。过了一二年,拍卖场上出现了一件,因为它的圈足上有一个小缺点,价格拍不上去,被我买到了,那可能是我的收藏中最值钱的一件东西了。

日本人对于元代以后的青花瓷并没有特殊的爱好,甚至也不重视素雅的斗彩,他们喜欢的是中国人认为热闹、粗犷的万历五彩。五彩者,使用各种颜色取代青花之意,除了青花的蓝彩外,有红、黄、绿、赭等彩,轮廓线多用黑色,所以非常热闹。在五彩成熟的嘉靖年间,很重视构图,用色亦尚清朗、单纯,用白底托出。嘉靖的鱼罐是早期彩瓷中的名品,几条红色的鱼优游于水草之间,可是日本人却独喜画笔粗糙的万历彩,因此使得在日本收藏家活跃于世界的上世纪80年代,把万历五彩捧上天去,使我们几乎仰不可及。

他们喜欢的是那种草率与任性的感觉。其实万历时期,神宗并不好瓷,因此瓷器生产量大而质粗。看在人眼里,这是衰亡的象征,不值得赞赏。在异域的日本,偶尔得到几件,会觉得是有意形成的风格,有随兴与恣意的美感,可以与他们崇拜的禅宗精神相匹配。打个比方,明中期的彩瓷如果是书法中的楷书,万历的五彩可相当于行草。日本人从来不太喜欢楷书。

我对古物的兴趣焦点就是万历五彩,买不起就只有看,80年代末到东京,去几个私人博物馆参观,看到几件精品就徘徊不忍离去,我的古物商朋友知道我的弱点,想帮我解决,可就是找不到又好又便宜的东西。这时候,一个朋友带了一件万历盆子(洗)来,原是破碎的,经香港细工补好,已恢复原貌。是福禄寿为主题,充满万历粗犷的意味,并不完全合我的胃口。可是没有选择,我只好暂时收下,聊以充数。我是以认识明末文化的角度来接受这件东西的。

后来另一位朋友终于找到一件小东西,是一组画画用水盂中的一件,所画的主题是人物与童子,十分雅致,却较多斗彩的意味,虽与我心目中的五彩尚有距离,可以勉强解我饥渴。这件东西放在台中家里的一个古董木几上,后来因为我要脱手那个住处,不易找到买主。经介绍认识的买主,坚持要我把家里的艺术品陈设原样出卖,我只好忍痛让给他了。

以雅与俗来论断彩瓷,其实彩瓷虽容易流于乡俗,还是有高雅与低俗之别的。一般说来,早期的平涂的彩色(业者称为硬彩)并不媚世俗之好。到了清代,西洋技术东来,彩瓷上可以画彩色的绘画了,颜色自平涂的原色,进步到可以调色,有浓淡渲染的技巧,彩瓷就容易满足大众口味,甚至流于低俗。但是有了写实的绘画技术,并不表示非俗不可。雅俗是人的素养问题,与技术是无关的。

2005 年 5 月

古物价值之挑战

转眼间,在《华副》每月写古物专栏已三年半了,觉得应该停笔了,因为再写下去,可能越发无趣了。写这一系列文章的动机,是想把收藏的趣味写出来与读者们共享。在古物的知识方面,只是略为涉及而已。

可是我承认近来写的古物文字,趣味性少了,学究性重了。自我检讨,其实只有一个原因:收藏的趣味,只是在真、伪、悬奇、寻觅与奇遇之间的一些故事上。我自先妻过世以后,基本上停止了猎取古物的动作,逛古物店的兴趣逐渐降低。不出外狩猎,哪里有捕获的愉快呢?当然更谈不上令人激奋的过程了。

时代变得真快,在世纪之交的前后十年,这个世界已经 e 化了。老实说,对我们这类上世纪的老家伙来说,若不学着少年人一头钻到网络里,这个世界已变得越来越乏味了。古物交易之乐又何尝不然。

各位看官,收藏古物之乐趣,原在于其稀少、稀奇。可是稀少与稀奇在今天看来是与讯息有关的。一件古物在这里也许只此一件,而且形制奇特,令人注目,然而在这个世界上究竟有多少,却是我们无法得知的,所以古物的价值实在是因为我们见闻很闭塞所造成的。二十年前的中国古物为什么那么昂贵?是因为大陆未开放,我们无法得知眼前的东西在大陆的某处实际上是很容易取得,而且是很普通的,大陆一旦开放,价格就立刻大幅降低了。当年很值钱的东西，被丢在古物店的地上了。所以收藏家之吃大亏者都是年老如我者，下手太早的缘故。

近年来大陆古物市场以明、清器物的价钱看好，为什么？固然因为高古文物尚雅，不为一般人所接受，其实也是因为古物是自地下出土的，一些农民把古物发掘当作发财的捷径，谁知道明天会有多少东西、怎样的东西进入市场？到今天，有什么新奇的古物出现，都不会令人感到惊奇了！中国人四千年文化，无时无地不在埋葬，而葬俗各异，出土之物千奇百怪，应该被视为当然了。我们一旦有了这样的认识，对稀少、稀奇的看法就大大改观了！

这只是情势的初变，e 化才是剧变呢！

不久前，我妹妹装修新屋，要我带她去买几样古物。我已许久未涉此道，再探新径，发现一般的唐、宋古物价格已落到难以相信的程度了。宋代的民间瓶罐之类上千台币就可以买到，今天玩古物的年轻朋友可真有玩头呢！

在一次探访中，发现一家古物批发商的手中，有一只蓝色釉的唐三彩马，尺寸比我家的那只要大一号，仔细看其釉色、开片，没有什么破绽，开价钱，只有几万元，在我看来，实在太便宜了。可是我已不打算买古物，正为难间，忽然想起在美国的女儿曾表示希望有一匹唐三彩马，就请店家代为保留，容我向女儿通报。

我与女儿在电话中谈好，只要我弄一张照片，让她过目后即可成交。可是那几天我忙，没有时间去拍照，女儿在等候期间，就上网查看有无同类古物，一查可不得了了，原来网上的古物多得很呢！单单唐三彩马就有好几只，正待价而沽。随便出价，可以从一块美金开始，出价高者得标。她把网上的讯息告诉我，我才知道 e 化对古物市场的杀伤力才真大呢!

自从有了网络推销的办法之后,古物的价格就资讯化了。也就是说,通过网络,世界上喜爱古物的人几乎可以立即知道某件古物的出售价格,这时候,凡手上有同样古物的收藏家,可以斟酌是否出售。过去因为资讯欠缺而形成的稀少与稀奇,已经完全被打破。一件原先以为稀少的古物,价格过高时,立刻会有很多同类的古物出现在网络上,使稀少的珍贵性消失。网络横跨广大的时间与空间,把大家都拉到一块儿了。

我的女儿在网络市场上几十件唐三彩马中,找出了她喜欢的一只,问我的意见。我细看网上的详细相片,除比我预订的略小些外,觉得并无太大的破绽,就反问她,你认为这只马会值多少钱呢?她说让她试试看,几天后,她打电话来,笑哈哈地告诉我,她投了五块美金,因为没有其他人投,因此就归她了!

我简直不能相信自己的耳朵,一只一英尺多高的唐三彩马,在过去少不了几十万的东西,居然一百多块台币就可以买到,这是什么世界?是真的吗?这是她一再问我的问题。说不定这只马是赝品,拿出来骗人的吧!出售的网站是来自上海,她不免想到可能自己上当了。可是能上什么当呢?这样一只仿造得惟妙惟肖的唐马,也不是几千块买得到的。只要看看市面上的仿品,即使是博物馆出售的,禁不住行家看一眼的东西,也要几千块,我告诉她,你就安心付邮费吧!邮费要一百美金。

不用说,我就把预订的马退掉了,相信女儿捡到了便宜。可是几个星期后,女儿又来电话了,她果然收到了一只唐马,只是那是一只仿制品,连她也看得出来,与网络上她投的那一只是完全不同的!上海人果然耍赖了。我的女儿不是省油的灯,岂肯吃这个亏,就向 eBay 公司抗告,公司负起责任,但无法勉强上海方面寄来真品,只做到退还货款与邮费,那只仿品就奉送了。

这是没有成交的故事,可是各位看官,网络上有这么多匹马待价而沽,居然无人问津,还有唐三彩的市场吗?我的女儿如果肯出五百、一千美金,说不定就买下来了。在过去,古物市场是国际性的。每年有苏富比与克里斯蒂拍卖数次,为各种文物定下当时的价格,各地的古物店就根据此等价格,加加减减,与顾客做生意。如果古物都出现在网络上,市场价格岂不是要消失了吗?

当然了,到今天,问题还没有那么严重。

古物收藏界是唯有钱人的马首是瞻的。极有钱的人通常因为钱太多,会选择顶尖的文物,在拍卖场上把价格抬上去。当经济成长,有钱人更加有钱时,他们认定的古物的价格会不断上涨。因此整体看来,古物市场好像不受影响,而且稳定成长中。他们带动着市场,不时寻找新的猎物,收藏界永远是热闹的。

收藏古物的人,未必一定是有钱人,可是或多或少都有些闲钱。有点钱不去做生意、买股票,却玩古物,必然有一点优越感,看不起会赚钱的人。这点虚荣心当然来自古物是文化产品,收藏家就自然而然属于文化人之流。就是因为这点优越感与自尊心,他们不肯承认手上的东西忽然不值钱了。他们会想出一些理由来维护自己收藏的价值,不让它随着市场的瓦解而消失。因此他们都有"敝帚自珍"的心理,为自己的收藏筑起堡垒。他们使用的一个最基本的工具就是永不脱手,等待它们的文化价值被肯定。

收藏家一生喜爱古物,好古成癖,颇有倾家荡产而乐之不疲的人物。不论过程有何不同,收藏的价值如何,收藏家的共同特色是珍惜自己的收藏历程,把它视为生命的一部分,所以不轻易让它散失。我们常常看到有些收藏家，收的大多是赝品，但却宝爱之不忍释手。办展览，出图录，忙得不亦乐乎，完全不相信第三者提供的资讯。他们的最大希望是把收藏博物馆化，或由博物馆永久展出。

到此，我们可以知道古物市场探底无法撼动古物市场基础的根本原因了。那就是博物馆。

博物馆有一个特点，就是不分贵贱，贪婪地吸纳古物。他们当然喜欢珍贵的收藏，但对于一般的古物，只要他们认定为真品，就是收藏的对象。他们以学术研究的精神，对各种文物都一视同仁，细心照顾，登录维护，当作宝贵的研究材料。对他们而言，看上去像垃圾的瓦片也是好东西，要编号入藏。在这种宽容的精神之光照下，任何古物进入馆藏都是很幸福的。大体说来，古物一旦进入博物馆就等于从市场上消失了。而博物馆的胃纳是无限的。

既然如此，为什么私人收藏没有很快为国立博物馆吸收呢？其故有二，一是家属的阻挠。家人视收藏为财富是很自然的，他们希望换钱以改善生活。二是博物馆的入馆方式。博物馆非常愿意接纳私人收藏，但却无法满足收藏家的愿望，提供特别的收藏室，长期展出。对收藏家来说，收藏就是他们的生命，他们一生精神贯注所得的收获。可惜的是，他们所藏常常没有很高的价值，最后总是消失在博物馆的庞大收藏库中。

因为有博物馆，古物的稀少性与稀奇性虽历经时代的洗礼，保留不多了，却仍然能保持一个最起码的市场继续运作下去。生意不太好，总有些好古之士，前仆后继地投入这场心智游戏之中。

2005 年 9 月

时代的迷雾

以中国这样的古老文化来说,旧时代所留下来的古物,数量何止万千,型制千变万化,隔着时代的迷雾,在今天看来,一方面引起我们无限的好奇心,同时也使我们如雾中看花,怎么看也看不明白。

由于中国是好古的民族,历代以来拟古、托古的文物制度被视为当然,使这层时代迷雾更加扑朔迷离,令人难以参透。加上近代的商人,喜欢精工制作伪物以欺世,使得好奇的古物爱好者如陷五里雾中,乐此不疲又无以脱困。

古物的类型实在太多了。不久前有一位收藏家带了一件东西来,是一只有童稚意味的牛形木刻,通体画些彩色花朵。木质已老化失重,可是我无论如何看不出其时代特征。而这样有趣的东西,他手上有一整套呢!

古物的研究者,包括大学教授与认真的古物经营者,多半以考古的报告为基础,统计各代文物的特征,逐渐认定了各时代的风格。他们进一步研究各时代的工艺技术,推定制作过程,使时代性更加明确。到今天,大家都用这个方法,在时代的浓雾中,作为导航的指南针,使自己不会迷失。可是中国的版图太广大了,各地的风俗、习惯,甚至宗教信仰都不相同,想找出一个时代的主流风格也许是可能的,可是用这些风格准则来判断个别的文物,仍然是不够的。因此,即使熟悉这套导航工具者,也未必能那么轻松地脱离迷惘之感。

一位古物界的朋友,其家族在"文革"时期,在香港因机缘收购了大批的古物,堆在仓库里,其数量之多,类别之繁,连他自己也弄不清楚。近年来,在陶瓷器方面已打开市场,得到大陆古物界的承认。他的这批古物中确实有些难得的东西。在一次访问中,我看到他们手上也有些古代青铜器,他们表示一直堆在那里,尚无时间整理。为了鼓励他们进行整理,也为了满足我的好奇心,我表示希望为他们的青铜而有造型者做一次特展。他们慨然允诺。

等了几个月,他们终于清出了三四十件东西,陆续搬到我们馆里。在博物馆认真地办展览,要先经过研究、鉴定、准备图说、出版图录。每一件都被视为宝物,要照相、描述情况,向收藏家交代。在这个过程中,就有专家对文物的时代风格有了疑问。

这个问题就大了,按照古物界的习惯,如果明确地看出有时代风格的差异,即使是一点微小的破绽,也会判定为赝品。这些铜器难道是伪的吗?应如何解释呢?

一件初看上去像是商周古物的东西,经仔细地研究,发现有了破绽,一定会是近代的仿品吗?这是一个很有趣的问题。古物界,尤其是商人,为了避免麻烦,宁判定为新仿品,原因之一是近代仿造的技术实在太高明了。越是看上去非常接近真品,几乎难以判断真伪的东西,越可能是现代的作品,因为只有近几年,科学的技术才能完美地复制古物,尤其是特别精致的古物。根据这样的推论,一件时代风格不符的古物,可能仍然是古物,只是古物界认为价值已失,没有进一步推敲的必要了。

神秘的铜器

结合了艺术的创作、信仰的仪礼与器物之功能的铜器，所传达出的是令人着迷、冲击心灵的力量，更是精神化的象征。

这种态度当然是不正确的。中国人既然以仿古为高雅,历代都有仿古品,仿古本身已经是文化不可分割的一部分,怎能予以轻蔑视之呢?举例说,清代帝王,尤其是乾隆皇帝,醉心于古物,新制的器物几乎都要以商周器物为范式,因此很多瓷器都取青铜或古玉器之形状,至于青铜器更不用说了。可是乾隆的仿古器在市场上都很受重视,价位居高不下。为什么?因为帝王之物,收藏家特别珍贵之故也。其实这种风气何止今日!仿古器物在宋朝的皇廷就已视为当然了,宋官窑的器型就少不了商周鼎彝之遗风,为什么不因此而贬抑,却被视为国宝呢?

在书画上更是如此,不用说宋元以来的仿古作品了,几乎没有一张名画、名书法作品不是仿品充斥,而且不乏名家署名的仿品,到了近代,名家如张大千也是以仿古成名,不但没有人责骂他,还被视为奇才呢!这种风气,到今天,很多故宫所藏名作都无法完全确定其年代。我有一位友人是著名的艺术史家,他认为台北故宫的宋代藏品大多为明人的摹品,因此受到同行的排挤。可是没有人说那些名画的价值会因而丧失。

话分两头,暂时放在博物馆的库房,被认为有问题的这些青铜器要怎么处理呢?博物馆不能展伪品,为了确定其价值,我请了另外的专家帮我细看。有人承认没有办法下定论,甚至客气地说,他们程度不够。我明白,这是客气话,在行内,这句话的意思就是"假的"!

我回头仔细看这些器物,实在很难想象它们是现代人的作品,如果今人要仿造,为什么不避免那些明显的破绽呢?那么,合理的推想就是清末、民初的仿品,用来骗外国人换银子的,因为当时有大量的文物交易。

可是还有难以解释的现象。如果要骗外国人,应该根据商周的古物来摹仿,虽然技术不够高明或手法粗陋,容易看出破绽,至少是可以比对的,画蛇添足的事是不会做的。但是这些看似西周的东西,为什么有些东周的纹样呢?近代的仿古者,有去创造一种新器物的必要吗?

我这样说,古物界的朋友会认为这是我一厢情愿,自圆其说一辞。可是如果我反问他们,何以知道这类古物不会是古物?他们也答不出来。我们只能说,这是古物经营者负责任的态度。他们不要一点怀疑,一定要完全"开门"(古物商绝无问题之用语)才可以进行交易,否则就可能误导收藏家买到赝品。然而自学术的客观性看来,他们的逻辑是不完整的。

一件近似甲时代的古物,经证明在风格上有误,只能认明它不是甲时代的产物,要说它不是古物,就要证明乙时代、丙时代、丁时代都不可能生产这样的古物。对于一个尊重传统的民族,这就不是很容易的事。要一一排除这些可能性不是不可能的,却要做些纯学术性的研究才成。

肯定比排除要容易得多。比如我看到一件小水注,它的把手的做法是宋代风格,它的壶身也有宋代风格,因此就以此特色肯定它为宋代古物。可是我若要否定它是宋代古物,不仅要找出不合乎宋代风格的地方,而且要证明当时绝没有这样的做法,就要冒武断的危险。宋代三百年,广大的版图中,学术研究的触角真已经遍及了吗?这几乎是不可能的。至于排除宋元明清四代,就更加困难了。

因此古物商的断代是靠感觉,不靠理性的。当感觉有所不及的时候,就只有断其为新制。这就是为什么古物鉴定越来越需要科学方法的缘故。可是陶瓷鉴定最有效的热释光法,虽在技术上已很成熟而广受收藏家信任,仿制者由于利益丰厚,不惜下成本去突破科技的围困。

最有名的例子是利用废弃的古物制造值钱的古物。如用棺材板制造木雕人俑，用破损的陶马雕制仕女俑等，欺骗测试年代的机器。道高一尺，魔高一丈，使得时代的迷雾继续弥漫在古物界。据说国际拍卖场出现的精美赝品都是近来仿制者的杰作。这种现象使古物界人士更肯定感觉的可靠性，否定科学测定的价值。

所以当我听到一位颇有鉴定经验的，在古物上工作半世纪的老先生看到这一批青铜器，居然说是真正古物的时候，我不免吃了一惊。他说这批看似早周的东西，实际是晚周的产物，是用后期的技术，加了后期的装饰做出来的。为什么后代要这样做呢？他也说不清楚，但他确信如此。我听了很高兴。

因为这是一种理性的突破时代迷雾的态度。只有先肯定有此类古物的存在，才能进一步地发展出鉴别其时代的方法。想到这里，这批古铜器又闪耀出神秘的光辉了。

先秦的古铜器之有造型者，可能是人类文明史上最有兴味的艺术品，因为它们结合了艺术的创造，信仰的仪礼，与器物之功能，产生一种令人着迷的，冲击心灵的力量。一只鸡，一只鹰，或一头牛，不过是常见的动物而已，但在先民的手中，通过复杂与精巧的技术，塑造出令人感动的形状，所传达的不只是动物，而是精神化的象征。

若干年前，上海博物馆送了我一件制作非常精美的复制品，一只十五厘米高的神牛，至今仍在我的案头。但是比较起来，一只昂首的鹰，表现出另一种精神，是中华民族激昂奋发的一面，使我感觉，中国酒文化中的豪迈之气，是与鹗尊的形式相关联的。

2005年10月

青铜器的神秘面纱

哪里来的青铜器?

几年前,我逛到一家自称美术馆的古物店(姑隐其名),只想随便看看,因为中国古物伪货泛滥,早已司空见惯,不足为奇。可是我进到里面,赫然发现,陈列的器物并没有明显的伪象。仔细看,觉得大部分都是真正的古物,而且是高级品。其中的一件是乾隆的豆彩缸,与我的收藏是完全一样的,所不同的,我因钱少,所买的有缺点,他们陈列的则完美无缺。由此,在我追问之下,我听到一个收藏家的故事,简直与天方夜谭一样。

这个故事,相信他们已经向很多人说起了,我在此不再复述。可以想象得到,由于他们这个故事,古物界很确定地认为是编出来骗人的,因此他们的收藏品必然都是假货,不值得一看。后来我曾向一位经营古物、很有造诣的朋友提起,他表示听说过了,应该是假的。

在故事中有一段,是收藏家过世前曾交代后人这些古物不要散失,以后要交给国家,所以继承了这些古物的第二代曾向台北故宫要求鉴定,并表示捐赠的意愿,可是故宫的专家看了他们送来的东西,都打了退票,肯定地认为是伪货无疑。在最初的几年,他们试了几次,已被认为是投机,几乎成为拒绝往来户了。他们告诉我,消息传开,连在艺术刊物上登广告都被拒绝。其实这类广告中的假货是很平常的。这段过程使他们心情一度十分低沉。

我是少数相信这个故事的人之一。一方面是因为我有些古物判断的能力，在我有限的能力范围内看不出破绽；另一方面，我在此一庞大的收藏中看到各类的古物，几乎你能想到的他们都有，以他们军人子弟的身份，是不可能去取得这些精致的假货的。

在个性上，我是一个怀疑主义者，但也是理性主义者。对于无端的怀疑也采取怀疑的立场。在没有取得可采信的证据之前，存疑是我的立场。存疑就是暂且相信，等待证据。几年前，媒体攻击台北故宫的古玉收藏，有些刊物径指为伪品，我看不惯批评者的武断，为文支持故宫，主张相信而存疑的立场。我的文章被几个古物界的朋友认为不值得。可是我实在不认同古物界全凭眼力，凭感觉径下判断的习惯。他们至少应该说出个让人信服的道理来。

至于这批古物的真伪，有一个线索可以求证，那就是其中有若干件在器物的后面标有故宫收藏的编号。因为这样，使得他们成为古物界的笑柄。台北故宫的人员看过，证实编号是假的。我要求看几件，原来是用红漆写在器物的底上。因为我曾是"教育部"指派的台北故宫文物出境的查验委员，曾仔细看过台北故宫文物的编号，是用纸条贴在上面，并没有红漆。我立刻想到，大陆在接手北京故宫后有没有重新编号呢？如能查证比对就明白了。

若干年前这是不可能的，如果真是北京故宫的文物，持有者的罪过可大了。最近几年北京对三十年前出境的古物不再追究，就可以通过两岸交流来达成查证的目的。据他们送往北京故宫查验的结果，证实了这些编号是北京故宫所有。自此后，他们的收藏品就成为大陆各拍卖场索求的对象了。我劝他们要秉持初衷，不能悉数卖掉，他们表示只要卖掉一部分可以维持运作就可以了，而且他们准备自己办博物馆，不打算捐给政府了。

在这样的背景下，当我看到他们的青铜器收藏时，并没有十分怀疑其正确性。只觉得这批器物以造型者为多，是比较少见的，而且台北故宫与历史博物馆中都没有见到，有展示的价值。我提出这个想法，立刻得到首肯。经过他们几个月在库藏中搜寻，终于找出五十几件陆续送到我所在的世界宗教博物馆来，准备整理展出。

是真还是假？

世界宗教博物馆不是文物馆，我要展出古代的青铜器，是想借机会探索一下其形式与装饰的奥秘，以古代信仰的角度呈现出来，所以开始时并不打算碰文物真伪与时代的问题。可是年轻的工作同仁对青铜原一无所知，在研究的过程中，不免产生真伪的疑问，花时间探讨也是枉然。他们自作主张，请专家来馆鉴定。真伪的问题遂成为不能不解开的心结了。

我为什么不想碰？因为我大概知道一般专家的反应必然是负面的，而以动物造型的青铜器在台湾缺少标本的情形来说，我并不认为有权威人士可以使我信服。既然是一个教育性的展览，何必去找这个麻烦，把自己陷到争辩中呢？果然，专家的意见是，都是最近的仿品。

我很想请台北故宫科技室利用科学方法鉴定，找出时代的蛛丝马迹。可是故宫的朋友还是请该院器物专家表示意见，好像不相信科学方法。有一位古物专家朋友，不肯说任何理由，只说有这么多，实不可信。另一位来自大陆、富于铜器经验的专家，说是古物，但可能不是商周的古物。他举出的理由是有些造型器物的腹部没有铸合线。可是在十多年前，上海博物馆曾送我一件他们著名青铜收藏的复制品，是一只小型的牺尊，因非常逼真，我一直放在案头，它的腹部就是光滑的，看不出铸合线。我要怎样去相信他们呢？

我并不愿意下定论，与这些负面意见对抗，但我有怀疑他们的权利，何况我们正进行的展览与青铜器的正确年代并没有必然的关系。我希望展示过后，他们可以有机会把样本送到大陆去，做科学的查证。在未有定论之前，我们不妨开放讨论，让大家畅所欲言，充分表达。

其实我们只要秉持着科学的精神，查验青铜器的真伪是不困难的。科学精神是指不说没有边际的空话，比如形状怪异、线条软弱等。这种古物商人的用语自经验下的判断并非没有道理，但总非定论，尤其是对于并不常见的青铜器，没有累积经验的条件，是很难服人的。

有说服力的判断要经过学术的研究，当我们说形状怪异时，要拿出一个自统计中得到的标准型来。其实青铜器上有很多图案，后人凭空模仿是很困难的，仿造必然出错，如果对图案有了深刻的研究，仿品上的错误是很容易指出来的。古玉器的辨识就是这样开始，可惜青铜器没有足够的学术研究资料，大家都不在这上面下工夫。

尤其使我感到不解的，青铜器上有铜锈，凡是新做的仿品，一定会做假锈。自表面取样进行化验原是极容易的事，不需辩解而真相大白，为什么不善用科学技术，做明确的鉴定？

当成一个游戏

如果因为有负面意见就退缩不展，等于在真假难辨的问题前屈服，

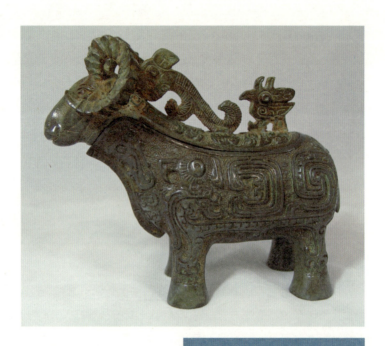

青铜器上的花纹

在青铜器的器身上,看出曲线是中国文化的表征。有具象,也有抽象;有连底纹的云雷纹,也有象征贪食的饕餮形状。这可能是人类最早的抽象艺术。

把青铜器精彩动人的一面掩遮了,使它继续黯淡下去。

我向来认为华夏古文明中最突出的特色,就是对生命的礼敬,所以在早期的陶器上,与商周的青铜器上,动物与纹样,连结了儿童天真无邪的想象力与对鬼神世界的敬畏。今天我们已经不再相信鬼神了,这些纹样可以还原为儿童创作的灵感。把当年青铜器的设计当成游戏来看,应该是了解古人心情最直接的办法吧!

我们推想古代的艺术家制作这些青铜器的过程,先要塑造一个模型。他们为什么要在器身上塑出那么多动物?没有游戏的心情,这些美丽的创作从何而来?在这些天真的艺术家眼中,无事无物不是充满了生命的小精灵,因此假想的动物与真实的动物都出笼了。自此之后,中国几千年传统中,一直存在着动物器型的用具。

在青铜器的器身上,看出曲线是中国文化的表征。因为曲线代表生灵,就是后世所说的生气。一只牛形的器物,先民们会在肚子上看出贪食的饕餮形状,在肩胛与大腿上看出生动的卷曲的龙、蛇,代表着力量的来源。其实器物的表面无处不是卷曲的曲线,各式各样的卷曲形,或阿米巴式的曲线形,有些是具象的,有些是抽象的。连底纹的云雷纹也是螺旋曲线。青铜器上的花纹可能是人类最早的抽象艺术。

要设计这样复杂、美丽的装饰,没有童心是不可能的。只有孩子们可以完全忘记青铜器的交换价值,把它们当玩具看待。也只有沉醉在动物图像之美中,才能完全不计较它们的制作年代的争议。

2006 年 7 月

发现真实的失落

大陆制作假古董的本事越来越神奇了，我这一类半调子的古物爱好者，一不小心就会被蒙，幸亏这些年来已经很少与古物打交道了，否则恐怕轻易就会上当。

近年来的古物市场，比较庸俗的清官窑当行，过去受台湾收藏家喜爱的，比较古雅的东西，变得不值钱了。由于这一趋势，所以偶尔会在市场上看到一些应当很贵重的东西，居然价钱降低到我们可以买得起的范围内。这就造成另一种危机。

造假的商人在过去最容易在要价上露出破绽。比如一件市场上值二百万的古物，卖假古物的商人开口要价时不免胆怯，也许开口叫一百万。对于穷人，这已经很贵重了，可是对知道市价的收藏家，这样的差距足以使他提高警觉，认真查查它的底细。对商人言，一件造价不到一万元的东西，卖到一百万已经很高了，但比市场价便宜很多，应该引起收藏家的兴趣。其实不然。他要狠起心来，一定喊二百万，也许可以唬得住收藏家，运气好，打个折就卖掉了。他没有胆量反而会招致疑虑。

现在可好了，由于市场价确实跌了很多，原来几十万的变成十几万，甚至几万，反而便利他们喊价。一万元成本的东西，叫价十万八万，大体上在可以接受的范围内,他们可以放心地叫,不会感到胆怯,只要不坚持是真的,价钱在可真可假之间,随买家去臆测决定,并没有欺骗人的罪恶感。这样的价钱多卖几个,也不会引起疑虑。伪品,哪有只做一个的道理呢?

这样的赝品不经过正式的古物商,因为他们不屑做,且不肯做这种生意。如果通过似懂非懂的批发商,先混进市场,由非正式的古物商人,如假日在光华摆摊子的,或边远县市的古物店,转手漂白就有可能为很多人接受,久而久之,赝品被视为真品摆在收藏家的陈列柜里也有可能。使用这种方法,对半调子收藏者来说,是天罗地网,早晚免不了上当。

几年前,我经由他人介绍,认识了一位批发商,觉得他是很诚实的商人,他的货很杂很多,便宜,供人随意选择。到他店里,自然有寻宝的想法,因为自民艺品、古玩、宗教文物到古物,真的、假的,无不具备,问起价钱,都是出乎意外的,这使我恍如回到三十几年前中华路的古物店,实在难以置信。我自其中找了几件东西随便玩玩,觉得有返老还童的感觉。

但是当他把库房里的东西拿出来的时候,我感觉到有问题了。那些看上去都是有模有样的古物,诸如唐俑、汉马之类。我的眼睛睁大了,怎么有这种东西?从哪里来的?我不能不怀疑了!我知道,这如果被我的正式古物店的朋友们听到,不用看就会判为假货。可是我的好奇心很重,而且看到这样一位老实的店东,不能不想多加了解。我在那里第一次看到的古物是唐代的三彩马,几万块,真便宜!简直难以相信。以我半调子的水准来看,不论造型、色彩、"水银斑",看不出假来。可是我不敢买,回家想想,再问,他已经卖掉了。我听说价钱低,是因为盗墓出土太多了,未尝没有道理。

去年秋天,我又在那家店里看了一些唐三彩马,看上去生灵活现,并不输我家原有收藏的那匹马,可是要价只几万块。我正计划要去美国看女儿,他们夫妻是很迷中国古物的,也曾在网络上买过唐三彩马,结果被上海的网站骗了,使他们很失望。我决定买那匹马送他们。真假我没有十分把握,但真的当假的买也好,假的当真的买也好,就买个经验,当成游戏吧!

带到美国,我的洋女婿高兴得不得了。他说要清干净。古董就是要有古味,古人把汉绿釉、唐三彩上的水银沁(就是铅釉长期着水所浮出的一层反光膜)视为珍宝,哪有清除的道理?可是他太喜欢了,下班闲来无事,就用他那双处理高科技光学仪器的手,点点滴滴地清理起来。为了不失"古",只清理一边。不到几天的工夫,出现了半边全新的三彩马。因为之前在水银沁下没有看到细致的图片,我开始怀疑是假造的了。怕他们失望,我没有多说。如果真是赝品,大陆制造的技术说得上出神入化了。

他居然上瘾了。今年夏天他们全家来看我,一定要我带他们去那家古董店逛逛,看上了几个唐乐俑,这类土器最容易造假,可是他们喜欢,我主张送验后再买,店主表示该批土器已选样送验,等待报告中。洋女婿等不及,略减了些价,表示即使是假的,他也认了。看他的眼神,他是老实人看世界,总有一天他会吃大亏的。

对于这种真假难辨的游戏,我感到有些疲倦,不想玩下去,因此抗拒再逛该店的兴趣,决定不再去看古物。过了一阵子,这位店主打电话来,说有一些新货要我看看,我忍不住又上门了。

我看到一批战国的漆器,看得我眼都直了。那么完整的包括琴在内的古漆、彩画都无残缺。虽然我的本领看不出什么破绽，单凭毫发无伤的外表就不能相信。我在漆器上花过不少钱，还没见过一件完整无缺的东西。有几个小件，我真喜欢，却不敢下手。大陆的仿制技术一天比一天高明了，他们要对付的就是我这种人，我要意志坚定起来，不再轻易受骗。

既然来了，就多看一看。他的东西称得上"琳琅满目"，烂东西很多，也有些可看之物，是消磨时间的好地方。过去有"寻宝"之说，就是这种心情。这时候，我看到一二件类似元与宋明的青花罐，这类东西，我通常认为是假的，不值仔细看，可是主人告诉我，应是真的无疑，我的耳朵竖起来了。

元代青花是收藏界的珍品，过去所见的数量不多，价位极高，台北故宫中没有这类藏品。十几年前在我热心于收藏的时候，曾想自古至今收一套历代的罐子，我已收到战国、汉代、六朝、唐、宋的罐子，虽非臻品，都有代表性，到元朝就卡住了，因为找不到，出现在拍卖场的都太高价了，不是我玩的东西。我只买过小型的出口瓷罐，在今天看来，已经完全不起眼了。

店主说有元青花，又燃起我的希望，细看，有点像，我的程度不足以辨真伪。他从后面拿出几件东西，我的眼睛张大了，原来是长满小贝壳的几只盘子、罐子、瓶子。这，应该没问题了！近年来，大陆沿海的渔民捞到不少出口南洋的古瓷。当年海外贸易时有海难，沉船不少，报上都有打捞的消息。从海里捞上来的东西等于是保票，我就决定盘、瓶、罐各买一只，心想有这么便宜的元青花吗？心头有些兴奋，就留了照片，请店主帮我整理。

满器里里外外都是小贝壳怎么摆得出来？整理是至少把外面的贝

海底打捞上岸的元代青花?

元代青花是收藏界的珍品,一听到店主说有元青花时,我的心头兴奋。当将满器里里外外的贝壳清洗后,露出的龙纹却使我起疑了。中国的古文物太丰富了,想要透彻了解多难呀!

壳洗掉，露出美丽的花纹来。经过处理后，我又去看了一次，也留了照片，因处理时用了酸料，表面的光泽暗下来了，但器型与纹样很有元朝的架势，可是上面的龙纹有点使我起疑，中国古文物太丰富了，过去没见过的东西太多了，要想透彻了解多难呀！连一流行家也会失手的！

恰在此时，一位科博馆的老友打电话来，他是海洋生物专家，我就随口问他，瓷器沉在海里是否一定会生贝壳，他表示应该很快就长贝壳。他能从照片判断吗？回答是应该没有问题。我把照片寄去后，几乎立刻就有答案。他说这些罐子若丢在高雄港，只要一个星期就可生出照片上呈现的状貌。我的天！我还以为要几百年呢！回想起来，我也曾看到过真正自海沟中捞出的古物，贝壳一层层的，也可以有年代感啊！怎么一时糊涂了呢！

我不免有失落感。原以为铁证，反而成为反证。我要到哪一天才能把历代罐子收集计划完成呢？

2007 年 11 月

古、怪、美

在精神生活中，古物是很特殊的东西，它的特质有三：第一，它是怪异的，古物是古代人生活中的器物，古人的生活离我们越来越远了，我们不了解他们的生活，也不了解他们的思想信仰，当然没法了解他们生活器物的利用方式，今天看来不免觉得怪异。人类是好奇的，怪异的特质正是古物为人所爱好的主要原因。第二，它是有历史背景的。既然是古物，当然有自古代的文明，我们对古代历史略有所知，但那些在书本上谈到的古史，离我们非常遥远了。可是人类有一种共通的情绪，就是思古之幽情。这种感情非常难以说明，但感情丰富的人，看到古老的东西就有流泪的冲动。古物市场为什么挤那么多人？都是为这种感觉牵引而来。

最后一个特质是美感。古物流传下来的有多种，有些是百姓的生活器物，有些是贵族的玩物，也有陪葬的特制物，但都能反映人类对美感的需求，在可能的范围内，呈现使大家感到愉快的美质。在今天这个以科技挂帅的时代，我们所见的日常器物大多是工业材料的产品，对于古人用手工与自然材料靠原始技术所做出的东西，不免产生一种先天的亲切感。我们的生活中太缺少美感了，古物其实是对现代文明中最短缺的一角的一种补充。

这三种特质，仔细揣摩起来，都是互相牵连的。怪，是使我们进入古物世界的牵引者；因为怪，才能使我们发生兴趣，产生进一步了解甚至拥有的欲望。人类是喜欢收藏的动物，收藏的动机常常来自对"怪"异之物的拥有。一旦进入了解的领域，就发现历史的真相具有难以蠡测的吸引力。思古、好古、好奇的感情一旦被挑动，就会不断投入精神，像科学家在实验室中寻求答案同样的投入，甚至废寝忘食。这时候，美的品质就被揣摩出来了，我们忽然发现它们透露出人性的光辉，隐隐暗示着人生的戏剧。美是古、今可以自然沟通的素质，因此我们把自己喜爱的古物放在案头，以供品赏。

说到这里，读者可以知道古物的三要素：古、怪、美，是互相连接，缺一不可的。为什么古物之真那么重要呢？真者，真古物也。不真就是一个骗局，那么我们好古的感情所投入的精力就失去意义了。如果要画一个图解说明古物的精神价值，在古、怪、美的三连环内，应有一个"真"字在中央。一旦失真，一切价值均消失于无形了。

有人问我，古物伪作完全没有价值吗？

我会说，有价值，但不是精神生活中的古物价值。古代的遗物对我们有多种价值。对历史学者来说，它们是历史的证物，可以自其中找到艺术史、科学史、民俗史等急需了解的史实。对政治家来说，它们是民族的遗物，可以凝聚感情，促成团结的力量，达成振兴国家的目的。对文化人来说，它们有传统象征的力量，可以鼓舞乡土文化的发展。各种角度对真的要求不甚相同，伪作造成的伤害也不一致。

以博物馆展示的功能来说，伪古物没有伤害，因为观众参观大多走马观花，只要在外观上做到完全相似，不失其美感就可以了。所以科博馆多使用复制品（replica）展出，把珍贵的真古物留在研究部门，

"盘"过的龙凤璧

"盘",是指以手指或手掌使劲搓揉,会将玉器表面附着的杂质搓掉,手上的油自然成为滑润的油质,使器面逐渐发光。"盘"玉不但有与古人作心灵沟通的意义,而且可以赋予古玉第二生命。

一方面便于研究，一方面避免受到破坏，这不是欺骗，是公然的做伪，而且受到鼓励。

除此之外，伪古物之正面价值大多只是纪念性与政治性的意义。我们逛博物馆，在礼品店里买的复制或仿制的礼物，不求神似，其目的是纪念与回忆，使我们不会忘记看到千年古物时的感动。如果是有民族主义意味的古物，即使小小的东西挂在身上为装饰，也有些微的政治意味。如原住民朋友们身上挂牙饰。

政治意味最明显的是古迹。古迹是一种特殊的古物，它的象征意义在于庞大。它是生活的容器，所以在古物价值上都放大了很多倍。除了不能携带，无法成为玩物外，它一直呈现在我们眼前，缺少神秘性，所以没有多少商业价值，可是政治的象征意味特别浓厚。台湾近年来在世局动荡的情况下，感情特别脆弱，需要精神上的抚慰，所以在古建筑的保护上，不太在乎真伪，在乎的是外观上有古意，因此有已毁重修的建筑指定为古建筑的情形，多少有些欺骗自己的意味。

然而一般说来，对于收藏古物，满足正常思古幽情的人来说，"真"还是最重要的，其次才是美。对于醉心于古物的人来说，古、怪、美是缺一不可的。

在中国古物中，集古、怪、美于一身的东西莫过于高古玉器。唐代以后的玉器大多仅有装饰的意义，所以是容易明白的。明清之后，玉器除拟古铜器的重器之外，大多只是把玩的小雕刻，好玩、有趣而已，已沦为民俗物。只有汉代以前的玉器才有形怪、意古、纹饰美的特色。

就以广为人知的璧来说吧！大家都知道它是圆形，是祭天的，但是怎么祭法呢？既然是祭天，为什么老在坟墓里发现？这是指商代以前的玉璧而言。更使人起疑的，秦汉以后的玉璧是否还有祭天的用途？

汉代的墓中发现很多大型刻有怪兽纹的蒲纹璧,全盖在人身上,这又是怎么回事呢?难道是用璧的象征作为送往生者升天的意义吗?上面刻的花纹又代表什么意义呢?老实说,我对汉璧上常见的蒲纹或谷纹的意义都感到好奇,曾请教专家,没有人能回答我。这种没有解答的问题,带来的神秘感,对好古的人永远有无尽的吸引力。

在古物非常昂贵的十年前,我曾买过一个小型的系璧,直径不过三四厘米,上有谷纹,两边各有出廓的一条小龙。很好玩,可是因为上有出土痕迹,舍不得把玩。据了解,这种小东西大概是战国以来贵族们身上所挂的装饰的配件。称为系璧,应该是供上下部分连结之用。考古书籍中有图样,画了贵妇人身上悬挂很多玉器的状貌。可是较大型的璧怎么用呢?对我来说仍然是一个谜。

近年来,古物市场有些乱,原来价格很高的东西也有沦落到摊贩市场的可能,使我在不久前买到一只镂空的,直径十厘米以上的汉璧。这是一只龙凤璧,应该是很珍贵的东西,我初疑有伪,细看后确定没有问题,我猜想这件东西应是许多年前出土,经玩家把玩若干年,通体有油光,今天的收藏家已不习惯也不喜欢碰了。在过去,古玉是文人的玩物,数百年来,都认为玉为美石,经土沁过的玉器不"盘",无法见其精彩。可是今天的玩家却珍惜发掘出土的痕迹,只能看,不能摸,成为标本收藏家,与博物馆收藏宝物差不多了。

究竟古玉该不该"盘"呢?我身为博物馆馆长,不免有人问我这个问题,我的回答总是"随你的所好",也就是说,你喜欢玩玉就不用顾忌地去盘,如打算出售,最好不要动它。过去的文人玩玉为了满足精神生活的需要,他们一定会"盘",因为他们视之为使玉器成熟的一个过程。"盘"是习惯用语,当动词用,字典上都查不出其解说,以玩玉者的习惯，"盘"似乎就是用手指或手掌使劲揉搓的意思。这个动作，经我实验，会把玉器表面附着的杂质搓掉，手上的油就自然成为滑润的油质，使器面逐渐发光。

玉器产生的当时，是很美丽、精致的宝物，特别是佩饰玉，必然有把玩的功用。入土千百年之后，由于环境的影响，不免水、土、矿物之侵蚀，产生程度不同的质变。出土之后，外观并不会太好。对当年的文人来说，这是很难接受的事实，他们试用手摩挲，是爱惜的意思，也是珍视的意思。时间久了他们发现用手抚摸的结果会使干枯的表面恢复湿润，使沁蚀的部分呈现光彩，因此觉得"盘"玉不但有与古人作心灵沟通的意义，而且可以赋予古玉第二生命。诚然，他们认为"盘"过的玉才呈现"古"玉之美，不但玉质再现，而且把千年的岁月也揉进去了。

我买到的这只玉璧就是如此，经过往日的收藏家长期的爱抚，不但原有玉质的光辉重现，经侵蚀变为土色的部分显示出斑驳之美，连受沁软化、粉化的边缘也成为可以接受的古老标志了。我反复观察它，渐能体会到玩玉者的心情。只有在手掌的温暖感受中，玉器的古意、美感才能融为一种精神的满足吧！我这双习惯了看"生坑"玉器的眼睛，应该用心向古人学习吧！

2008 年 2 月

古物断代的争议

对古物年代的判断实在是大有学问的事，这是大家都知道的；可是涉及哪些学问，却不容易明白。

前些天我去了一趟上海，在港、沪之间的飞机上看了一份报纸，上面有篇文章，介绍了一位马先生的大著，对历代家具的断代有一段很有学问的话。他说明代开始有硬木家具，原因是明代才有刨子。这种工具的发明，使中国人知道怎样处理硬木的表面，能把家具表面做得光洁明亮。明人之前没有这种工具，只好把表面涂上灰粉抹平，加上油漆。我读了这段报道，开始时很佩服，觉得他在工具史方面的学问解决了我一个疑问，功德非浅。

可是我对这一种近乎完美的解释琢磨了几遍，总觉得未免太完满了，令人很难放心。诚然，中国的木制家具自三代以来就有打底上漆的传统，可是这与刨子有关吗？何以知道中国人笨到不知道刨木这种技术呢？出土的战国与汉代木胎漆器有非常精致的器物，也有表面很粗糙的陪葬漆器，可知即使真正没刨子，也有把木器表面修整得光亮的技术。我觉得这位先生也许有些武断吧！

我产生怀疑的另一个理由，是在唐宋的仕女绘画上常可看到家具，可知明清以来的家具是有所本的。画上看到的家具造型大多细巧，似

·（唐）张萱　捣练图（宋摹本　局部）　美国波士顿美术馆藏
此画描绘了唐代宫廷妇女的劳动场景。其中一人坐在凳子上。

·（五代）顾闳中　韩熙载夜宴图（宋摹本　局部）　北京故宫博物院藏
此画描摹南唐巨宦韩熙载家开宴行乐之场景。这一局部可见靠背椅、鼓架、屏风等器物。

是打磨成圆形的部材,经过雅致的榫工所造成的。这样的家具,虽然是上漆的,使用的工具应该与后世无异。

漆艺的发明可以装饰器物的外表,可是最重要的是柔化器物与人体的接触面。直到今天,受中国漆文化影响的亚洲地区,仍然流行日用漆器,在中国反而衰微了。相信中国古代家具上用漆也是基于同样的道理。如果这样去看明代以后的家具,可知木质才是决定性的因素。

我的想法是,中国文化发生于北方;北方属于软木区,多为松柏之类。在我的记忆中,中等硬度的柞木已经是很珍贵的了,一般用在农耕用具上。可是柞木的纹理组织比较粗糙,用来做细致的器物并不合用。用在家具上,做板凳还可以,做成像样的椅子就只好上漆了。

明代中叶以后,南洋的硬木进入中国,这种木材质地坚硬细致,比重大,打磨后,表面光滑明亮,不易碰损,有了这样的木材,才有今天我们所知道的中国古典家具。对于木材我所知甚少,但是明中叶以后开始出现的黄花梨家具,显然与海南岛硬木的开发有关。明末清初之后,南洋一带,泰缅之森林中开发出紫檀等密度极高的硬木,来到中国,形成一波高级雕凿精致的家具风潮,黄花梨是看木纹的自然美,紫檀则以雕刻美为主。

这些在我看来才是硬木家具产生的真正原因,应该与刨子的发明无关。然而这种工具论确实有启发的作用,使我重新思考这段历史的背景。究竟是材料主导呢,还是工具主导,暂时存疑,等候进一步的研究吧!

古物的趣味大多与真伪的辨别有关,而真伪之辨又与历史背景有关，使文物与历史间有扯不清的关系。举例来说，明代末年为什么在资产阶级发展出对黄花梨木纹的喜爱，就是很值得讨论的。今天黄花梨是古家具市场上的宠儿，但它原本不是中国人的最爱，我们喜欢的是深色无木纹近漆色的紫檀，后来是因为外国人发现了黄花梨，并加以宝爱。也可以说，木纹的自然美是外国品位的移植。然而为什么在明代居然会有这种品位呢？如果不能深透地探讨当年的资产阶级的生活史，确实是找不到答案的。

有人说，黄花梨之被喜爱是因为它的木纹多变化，其甚者类似瘿木，有奇异感，很合乎国人好奇巧的口味。这也难有定论。我过去若干年来看过的古、今黄花梨家具不在少数，真正有"鬼头"类木纹出现者实少之又少，大多数的黄花梨木纹都是波状的优雅的线条，在赭黄色的底子上展开，并形成色调上浓淡的变化。这是雅致的感觉，并无怪异、奇巧的意味。正因为如此才令人感到一些文化背景上的疑问，难道这种品味的形成与江南才子有关吗？

在古物界，这类的问题很多，但是可惜很少有学者从事深入的研究。另一个使我颇感困惑的问题是清末到民初这段时期的瓷器的断代。

在我积极收藏瓷器的十几年前，古物界的朋友知道我买不起清三代的官窑器，劝我买点晚清官窑。我对清官窑不论早晚，都没有什么兴趣，只因为这类东西不过呈现高贵的俗气，非我辈所可高攀。近年来大陆的暴发户大增，对官窑器的需求大增，价格自然大涨，我也没有觉得懊悔，我这种人生来就没有财运嘛！

然而晚清的瓷器中，价廉而有些品位的，是民间流行的大量民窑器。这些东西有些是单纯的青花，有些是热闹的五彩，但都有些民间的逸气,看上去不俗。那么我的问题在哪里呢?

在年代。第一个问题是款识。有些器物的底部带一个红方年号款,写着大清道光年制等。这个款代表什么意义?民间的瓷器可以写年号吗?那么写款者就是民国以后所制的伪货了!可是这类款大多较粗糙,既然仿造为何不造得像一点呢?因此有人说,在清末,政令已不严格,民窑器用年号款只要不严整,没有人追究。

我曾买过两件晚清器物,一件是嘉庆时期的五彩盘子,一件是相当精致、典雅的霁蓝色水盂,下面的款都是很严整的,并不输过乾隆款,所以我也有些相信那些随意画的款可以视为民窑,何况在整体造型上也无法相比。可是大多数的意见仍认为这类器物应该是民国以来的仿品。

一般的古物店里最易鱼目混珠的是一种淡雅的五彩民用瓷器,画的是民间最喜欢的多子图之类,色彩有时薄得近似水彩,没有大红大绿。这类器物通常被商人称为同治彩。为什么称为同治彩?问起来,无人说得明白,但在器底上大多有一红色同治款。真是同治时的产品吗?我很怀疑,可是我确实没有反证的能力,学者们在这方面的研究太缺乏了。

由于大多数"同治彩"器物都比较粗糙,我虽欣赏其洒脱的意味,却从无收藏的兴趣。直到大约六七年前,去扬州游瘦西湖,就在湖边的一家古物店里,看到一只小茶壶,画的是一群孩子们游戏,彩色非常淡雅,但画得很认真,像淡淡的粉彩,器底也有同治款。款字为篆书"大清同治年制",还算整齐,我决定买回来作为研究资料。可是几年过去了,这只小茶壶仍摆在一个玻璃架上,没空做过研究。

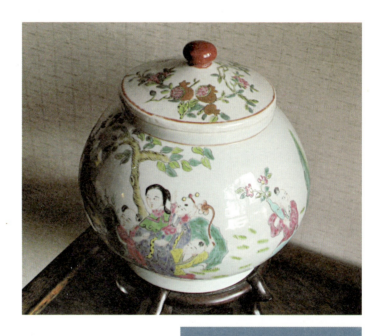

珐琅彩绘母子游戏盖罐

日前从一个边远古物店里偶得一只盖罐，上有以珐琅彩画的母子游戏图，器底有红色篆字道光题。但它真的是清代器物吗？

"同治彩"的风格是怎么来的？它是不是民国初年冒官窑之名而杜撰出来的？它应该有所本吧！只从器物上是看不出来的，要对近代器物史有深度了解才成。

不能只看彩度，看主题，应该看器型。我手边的几件晚清民窑，为民间有钱人用的，仍然有厚实、细致的特色。可是我的这件小茶壶，壶壁是圆桶形，是清代器物中少见的。我从器型推断它是民国的制品，不知是否合理？

日前我自一个边远的古物店里，偶然得到一只盖罐，是用珐琅彩画的母子游戏的图画，看它的表达手法有些清末民初的感觉，器底有红色篆字道光款。同样的，类似印章的款有些草率。我有一个感觉，这件东西虽然在彩度上比"同治彩"明亮，似乎与上文讨论的那一件出于同一时代。可是这种结论未免太草率了。

当然，文物断代，尤其是近代一百年内的产品，在形式与方法上甚至沿用到今天，要考虑多方面的因素，研究起来要花更多的工夫。我们看古代的器物，是透过历史形成的风格，断代最少是以百年为单位的，有时是几百年。比如我们习惯上说，这是宋代的，就涵盖了三百年，说它是北宋的，就是一百多年，能分辨出金代与南宋已经很不错了。很少要求断代非常明确的。

在朝代转换时期，我们常说明末清初，清末民初，前者我们是认可的，因为有一定的时代风格，后者就有些含糊，因为离我们近，希望知道得更清楚。比如此一阶段的彩瓷常以多子为题，明显的是结婚时陪嫁之用。这种礼俗自何时开始，就是很好的断代依据。可惜学术界忽视近世的历史，少有资料可查。

这个问题，博物馆界已发现了，所以才有当代文物收集的计划，在我们熟悉的当下就择其要者收集、记录，把资料明确地留下来，以免后代会有时代的困惑。

2008 年 6 月

辑三　收藏之乐

琉璃的故事

前一阵子，王侠军先生主持的"琉园"，由于在经营上很成功，打算建一座玻璃博物馆。他们的野心很大，胸襟也广阔，希望这座博物馆达到世界水准。为此，我应邀扮演国际建筑比图评审的角色。折腾了一阵子，首奖选出来了，可是市政府承诺的那块地却要上网公开征求合作对象。据我所知，"琉园"的竞争者恰恰是当年的合伙者，杨惠珊女士的"琉璃工房"。真是玻璃对上玻璃了。

由于这一段机缘，使我认真思考中国文化与玻璃艺术之间的关系。最近几年，我常有机会看到这两家系出同门的玻璃作品。有时是展览，有时是别人送的小礼物。我感觉到玻璃艺术的发展在他们的推动之下，已经为中国人所接受了。我说这话的意思是，几千年来，玻璃从来没有进入中国品味的核心。

非常有趣的是，玻璃的本质是透明的。人类发明玻璃，应该是在设法制作容器时，发现其光亮透明的特质，因此经过多次的实验，把它与陶器分开，制作成被视为比较珍贵的东西。这种材料最早是近东古文明的产物，应无疑义。争论的是中国古代有没有发明玻璃。此一公案留给大陆的考古学家去解决吧！

我感到有趣的是，玻璃出现在东西古文化上，产生了完全分歧的发展。玻璃的本质是透明而光亮的,在近东,这些特质被视为高贵的象征,因此玻璃的发展就在制作技术的精进上,使它如何更透明,更光亮。透明与光亮也是宝石的特质,因此到了伊斯兰教主导的时代,玻璃器可能被视为一种准宝石了。晶莹剔透是其美感准则。

我们不知中国何时有了玻璃,知道的是自从有了玻璃之后,中国人就没有在透明与光亮上下工夫。我们使用玻璃是以玉为标准的,制玻璃是补玉石之不足,或视之为一种可以没有瑕疵的玉。由于玉的半透明性,中国古代的玻璃也有意地做成半透明的质地。我们可以说,中国的玻璃是玉文化延伸的产物。

我最早见到的古玻璃器是汉代的玻璃璧与玲蝉、握猪。蝉为数甚多,可能因当时陪葬需要量大,玉石供应不足,乃以玻璃制品充数。这些玻璃器的最大特色就是玉的温润感。它与玉一样,也容易白化。没有经验的收藏者,很容易误认为玉器。在今天的市场上,古玻璃器是不受欢迎的。

不论玻璃是中国自创还是自中东传入,第一波的玻璃文化跟着玉文化,到南北朝时就衰微了。唐代融合了西域文化所建立的伟大帝国,使长安成为一座国际城市,所以唐人学着中东,喜欢透明与光亮的玻璃器。可是当时的玻璃器大概都是自中东进口的,因为要经过帕米尔高原的丝路前来,相信是非常珍贵的。因此在法门寺的地宫里,玻璃器与当时极珍贵的秘瓷在一起,成为宗教礼仪使用的器皿。

有一阵子,市场上出现很多唐代的玻璃器,但以今天的标准看大多不够精致。因为量大,我怀疑可能是在中国制造的,技术上也许尚未成熟,但为因应市场上的需要而生产。在当时上流社会使用的玻璃器,如著名的诗句"葡萄美酒夜光杯",这酒与杯应该都是外国货,当地人则以使用生活陶瓷为主，市场上的需求也许只是为陪葬用。我只收藏了两件很小的瓶子，其中一件造型是古希腊的风格，质地纯净，通体只有十一厘米高，单边把手，却有龙柄壶的架势，轮廓优雅、成熟，有中国人的气质。另一件更小，有暗红绞丝纹，是否为当地所造，实在很难推断。这类东西的市场价值有限，收藏只是为了好玩，并做思考物质文化的参考资料而已。

随着宋朝瓷文化的大盛，外来的玻璃热就退烧了，我至今未见过宋代的玻璃。蒙古王朝把中国的瓷器带到中东，反而成为强势文化，把西亚的玻璃压下去了，所以元代这个横跨欧亚的大帝国，没有带什么西方器物进来。中国史上最后一波的玻璃潮，是明清之间西洋传教士带进来的。

同样的道理，玻璃最后一波到来，也要入境随俗。在西方，玻璃器越薄、越透明越好，来到中国却要厚重温润。在市场上所见的清代玻璃，量最大的是鼻烟壶，大多仍是仿玉器的趣味。我推想外国的技术来到中国，要与当地的文化抗争，首先要自生活品位的改变上入手，玻璃在中国本无用武之地，所以要使上流社会学习西洋吸鼻烟的习惯。因为鼻烟壶，玻璃就跟着被接受了。

我实在不明白向来主张敦厚、温良的中国上流社会人士，为什么接受闻一下会打喷嚏的刺激物。我不知道这段历史，也无暇去查考，只知道到了清中叶以后，鼻烟壶非常流行，流传到今天的，为数极多。当然，来到中国，在玻璃之外，陶瓷与玉都成为现成的材料。由于玻璃是人工合成的，所以称为料器。到了中国，越做越厚，透明度消失，做成玉器的感觉。但因为玻璃的技术进步，可以控制色泽，又可在瓶上堆花，玻璃器一度比玉器要难得，而且比较美观。

外国人眼中亲切的鼻烟壶

中国收藏家将鼻烟壶视为腐败、堕落的象征,多不喜收藏。但对外国人来说,鼻烟壶虽小,却花样多,又精致,可以把玩,也容易收藏。

琉璃的故事

二十年前有一位外国朋友来台，问我有没有古物可买。我带她到光华商场走了一趟，她不满意。细问之下，原来她要找的是鼻烟壶。由于鼻烟壶来自外国，又是腐败、堕落的象征，中国的收藏家多略过不谈，可是在喜欢中国文物的外国人看来却很亲切。她告诉我，重要的文物买不起，鼻烟壶虽小，却花样多，又很精致，可以把玩，又易收藏。那是我第一次知道鼻烟壶这种东西，可是我无论如何不能收藏这类物件。后来因外人收藏者众多，鼻烟壶的市场价值一直攀升，我仍然毫不动心，只有大约十年前在一古家具店里，看到一只道光款的鼻烟壶，珐琅彩画一只蚱蜢甚为生动，虽略微残缺，我买回来把玩。到了晚清、民初，西洋风已经具有支配性的影响，透明的玻璃鼻烟壶，内画风景、人物等开始流行，后来发展为一种特殊的技巧，直到今天仍然盛行，只是不再用为鼻烟壶，只当收藏品把玩了。几年前我到西安，在旅馆里看到有专供收藏的新制鼻烟壶出售，有画得非常精彩的。其中一件画的是唐"俪人行"的图画，颇为可观，遂收藏了一件，感到很满意。

其实玻璃在清宫中也很受重视，清三代，尤其是乾隆时期，生产不少仿玉的器物，非常精致。这些器物多是中型的，仿古铜器的形状，用厚重的单色玻璃做成，质地匀净、凝重，完全是玉器的趣味。乾隆的羊脂白玉制器，由于材料来源充沛，已超越前代，但玉器只有乳白或淡灰色，玻璃器却有黄、红、青、绿等色，要丰富得多。玉，难免有瑕疵，玻璃可由人工控制，在皇室的严格要求下，做到完美无疵，所以乾隆的料器也是很昂贵的。

玻璃在西方的发展，因在透明度的控制上很成功，反而成为应用器物的材料，在无色的酒杯上最常见，而重在纯洁的造型，不重色彩与装饰,到20世纪才在装饰艺术上扮演一定的角色。60年代,我参观过两次大型世界博览会,都在(前)捷克斯洛伐克的展示馆中看到他们闻名全球的玻璃器,那是打破纯应用的杯、碗等器型,发挥玻璃造型的艺术作品。在我印象中,都没有使我非常感动。透明的东西,即使有些鲜亮的颜色,仍然无法感动来自玉文化的中国人。

1967年夏过威尼斯,在圣马可广场看到著名的玻璃器,买了一只细长的红色花瓶,颜色鲜丽,并有透明水晶的美感。90年代去看双年展,又在同一地点买了一只小型的红色的水盂,遍体白点装饰,可见在我的内心深处还是喜欢玻璃的。其实到了20世纪末期,欧洲的玻璃器物的艺术已有一日千里的进展。

琉园与琉璃工房的成功,一方面固然是几位创办人的心力投入的成果,人类对玻璃器的热爱是其基本因素。装饰性瓷器与玻璃器都成为当代礼品的主流,一为不透明,一为透明,而两者都有表面光滑、明亮的质地。但是我可以看出他们的作品仍然有明显的民族的情怀。不仅因为他们喜欢自中国古器物中寻找器型,多少有承续乾隆玻璃器传统的意味,同时也反映了玉文化凝重温润的本质。前几年,技术尚未成熟,常在器物中看到气泡。近来技术精进,已接近乾隆时的水准了。他们努力做的,就是"温"的感觉。

如果我们把透明、轻快、冰凉、水晶般的质感视为冷质的美感,那么半透、凝重、温润、软玉般的质感,可视为暖质的美感。同一物质可冷可暖,冷的称为玻璃,暖的称为琉璃,不知爱好琉璃器的朋友以为然否。

2005年1月

印章的艺术

在我几十年的业余收藏生涯中,非常想收,但一直没有下手的另一种文物是印章。印章,大家都知道,是字画上不可少的东西,虽有两千多年的历史,可是它在字画上出现是宋代以后的事情了。我对印章的兴趣从何而来呢?

还是与我的专业有关。建筑是设计的艺术,从造型上说,如何把必要的元素组合成美观的整体,是建筑设计的主要工作。其实设计的观念在抽象的现代艺术中也占有重要地位。我在年轻的时候,对于中国字画没有兴趣,且视为中国文化落后的象征。对字画都没有兴趣,当然更谈不上印章了!第一次听到讨论印章的美感,很惭愧,是一个外国朋友说起的。我在东海担任讲师的时候,有一位年轻的美国小姐,名为葛里佛,常与我们混在一起。她来东海教英语,但本行学的是美术,而且中国话说得不错,所以常与我们一起画画、聊天。她对我们说,在中国的艺术中,最有抽象美感的艺术就是印章。

这位小姐也有中国美术史的背景,她在东海画画时,世界画坛的风潮已进入极简的时代,她也画极简,用压克力单色的粉色,如粉红、粉绿,画方形画幅。她的创作就是在这正方形画框中,用较深或较浅的单色,隐隐约约,显现出类似文字线条的组合。经过她对印章价值的解释，我知道她的画就是中国印章艺术的再现。她送了我两幅，挂在东海大学的宿舍里若干年，后来因数次搬迁，竟失去所在了。她回纽约结婚后，仍然结交中国朋友，大陆开放，去了北京教书，已多年没有音讯，但每想到印章，仍然不能忘记这位热爱中国艺术的朋友。我手边用到今天的一本汉英字典还是她送我的呢！

对印章艺术的价值有所了解并没有使我对印章发生兴趣，但对自己的印章开始挑剔了。台湾守旧的行政制度样样都要盖章，所以人人都要花几块钱刻一个木章，或牛角章来代表自己，原无关乎艺术，可是身为设计家，所用的印章却草率不堪，不免心虚。当时大陆的石章尚在我们的认知之外，澎湖的文石却很出名，我也请人刻了个石章。可是我的名字笔画太多，总无法使我满意，只能凑合着使用。在东海时，李祖原送了我一个章子，好像是名家所治，我还满意，使用了很久，后来被事务所的工作人员弄丢了。

真正对印章艺术发生兴趣，还是后来开始收藏中国字画之后的事。中国字画赝品最多，要收藏，先要懂一点鉴赏，鉴赏的初阶就是先认识印章。我熟悉的一位画廊主人告诉我，详细比对印章可以辨别大部分的伪作。因为用笔法、画意、墨韵看真伪虽然是高档的鉴别，都不免臆断，只有自印章入手最为确实。这在过去是很困难的，在今天却很容易做到。为什么呢？

过去缺乏资讯。试想你看一幅古画的印章，如何知道它是真是假呢？想要比对，如果不知何者为对，又如何判断何者为假呢？过去因为没有正确的印章足以比对，才依靠经验来臆断，因此判断一错再错可以说是很自然的。今天的情形就完全不同了。

自从清末以来，就有人懂得这个道理，设法出版印谱供收藏家参考。

可是在封闭的社会中，印谱所依据的作品仍然是值得怀疑的。到了现代社会，一切都公开了，连官廷的收藏都可在博物馆中看到，也可由学者从事深入研究，所以今天的印谱就九成以上是可靠的了。一个认真的收藏家一定会有一本印谱在手边，可以随时比对。

我的朋友在比对印章上是很认真的。他把印谱上的印章与画上做初步比对，选出是哪颗印后，再把该印制成透明片，与画上的印章重叠比对。直到连一个印上的小缺口都完全一致的时候，才认定这幅画有真迹的可能。我在认识他以后，发现过去买的画有些疑问，就是用这个方法发现的。这虽不是绝对有效的方法（因为科技永远可以超越一切辨伪方法），却可引导外行人进入书画收藏的天地而不会一无所恃。

话说回头，我由于收藏而认识印章，不期然就觉察印章之美了。我自文献上知道，今天我们常见与常用的篆字章是汉代开始的，六朝以后少用，直到元代才恢复。所不同的是，汉代的印章用青铜做成，所以可以留传到今天，历代都有发现，至今恐怕不下数万枚留传在世，也有专收汉代印章的收藏家。正因为量大，流传广，后世才受极大的影响，无法超越。今天的阳文篆字私章与汉代的私章几乎是一模一样的，好像历史停滞了两千年。

元代以后，印章开始用石刻。这使得印章平民化、艺术化。石，要选质地均匀，不软不硬，可以方便钢刀去刻，又不会崩坏。这样一来，人人都可以刻自己的印章。晚明以来，四百多年，以刻印成名的书画家相当多，风格不同的流派，与师承相传的门派也所在多有。总之它逐渐成为一种独立的艺术了。

要成为一种艺术就不能为姓名章所限，所以才有了闲章。所谓闲章，有时是一句话，有时是几个字，把作者的愿望、心情表达出来，盖在书、画上当作装饰。台北故宫前院长秦孝仪先生写的一副对联，至今挂在我的书房里，上面有五个章，四个是闲章，其中一个是"墨林"。在闲章之外，是收藏章，有些收藏家会在收藏品上盖一个章，为自己留名，大多会破坏原作，可是收藏家出名后，反而会提高艺术品的价值，所以这个章子也要代表主人的品格。多年前，一位有钱的朋友送我一个很小的自然形的田黄章，上刻也是"墨林"二字，据他说是古物，不知其来历，但"墨林"是文人喜欢用的收藏用语，也可当闲章用。

印章的艺术是在有限的空间内，安排线条的艺术，其难处在于有一定形式的文字不能改变，美的组合在几微之间，因此是一种极精致的艺术。它与书法一样，只是笔画的粗细的安排，遇到所刻文字的本身组合不均衡时，需要酌予改变以求整体的美感，所以艺术家要掌握文字的各种变体。比如我的名字中的"寶"字，在篆书中有多种写法，通用的就有三四种，因为有多种，只要可以认出来就可接受，有些篆刻家乃大胆发明，有时丢掉其中的"贝"，有时丢掉"王"，也可简化成"宝"字。

真正的古印章应该盛行在春秋、战国时代。那时候，只有贵族与农奴，没有平民，也没有牧民之官，所以汉代及其后的官章与私章尚未出现。当时的印章可能是一种信物。我孤陋寡闻，在有限的资料中尚未找出红色印泥的产生时代，但在纸张未通用的汉代及以前，印章应该是盖在封泥上的，与西洋古代一样。铜质比较适合这样的用法，因此红色印泥与石章都应该是近世的产物。

话说回来，等到我对印章从认识其艺术，到发生收藏的兴趣，已

战国时期的古章

这件精致的长方形神兽纽古章,虽然字面有显著的残破,但型制高雅,图案似非文字,而是贵族的图腾。

经有些迟了，真正名家的印章早已被人收藏，流传的章子又大多是仿品，因为印章与书法一样，在中国是很普遍的生活艺术，长于此道的人很多。到今天，伪品已泛滥得不能看了。台北的玉市场也有些自大陆贩来的假古印章，价廉而物不美，偶有看得过去的只能供初入门者练眼力。当然，市场上有时也会遇到一二件无名氏的佳作，值得再三把玩的。

几年前我在玉市场看到一个一寸见方的章子，是暗米色的寿山石，两寸半高，上有狮纽，勇武有力，印章身上四面刻了小字，是一篇《滕王阁序》，在放大镜下，笔力流畅，看起来应是清末民初的作品，它的印文是"寿如金石佳且好兮"，特别使我感到兴趣。这句吉庆话曾于若干年前在清代名书家伊秉绶的作品册中见到，尝试仿其笔意写了一幅，为我母亲祝寿，当时也是因为我开画廊的朋友看我买画不讲价，送了我一个大型方章，是比较少见的杨善深先生的作品，正是这八个字。我似乎与这句话有缘呢！

汉代的铜章数量大，但因印文是普通篆书，一般的纽无甚可观，除非有名堂的章子，对我的吸引力不大，稍微有趣的子母章，真伪难辨。我曾买过一个有螭形纽的子母章，虽有古雅的外貌，看来看去，不像是真品。母章是永兴郡印，两只子章则为姓名章，可能是原件的复制品，我把它当成参考资料看。

我有两件战国的古章，一件有精致的神兽纽，长方形，字面有显著的残破，但可看出形状，应不难修复。由于型制高雅，图案似非文字，而是贵族的图腾。我买来后，很想解读文字的意义，请教专家，都说无法破解，本来打算用作书法上的闲章的，因无解只好放弃。没有想到过了几年，我在光华商场闲逛，逛到一个摊子上，老板自腰间解出

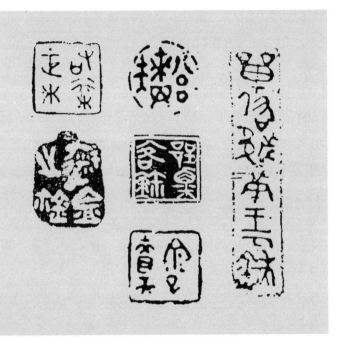

• 春秋战国时代的印章印文

一个战国的银章，向我炫耀。这章子并不起眼，形状古怪，又无高纽，可是印出来的图案居然与我所有的长形章相当近似！我怦然心动，却不露声色，说服他卖给我。两个章子共有相同的云形纹及十字纹，我相信是同一家族的东西，可惜我请教古文字学者，也没有得到回应。印章确实是值得深入研究的文物啊！

2006 年 2 月

古香器之谜

在我二十几年的业余收藏生活中,有两样东西一直非常喜欢,却一直没有认真下手,其一是香炉,第二是茶壶。这两样东西都是中国所独有的,而且都与心灵的修养有关。前者为民间信仰的必备之物,后者为读书人提神解渴之所需。由于都是不可缺乏的生活器物,数量非常多。自古至今,千百年来,花样翻新,真是琳琅满目,美不胜收。然而正因为它们花样与数量太多,收不胜收,所以我轻易地放过了,朋友都说我是傻瓜。

何傻之有呢?这两样器物,除了太多之外,可说具备了收藏的条件。第一是符合美观的条件。香炉与茶壶之式样虽多,却皆有可观,上焉者设计新颖,制作精巧,令人动容,可列入高级艺术而无愧;下焉者也能朴实合用,不惹人讨厌,堪称民间工艺。第二是符合好古的条件。这两种器物,虽非上古的生活用品,香炉可上溯至元末明初,有六七百年了,茶壶自明中叶至今,也有近五百年,可说近世中国文化的代表性器物。第三是可供把玩,这两种东西,除了极少数例外,大多尺寸可以上手,表面光亮平滑温润,对于喜欢把古物当成玩物的朋友,最适合不过了。尤其重要的是,由于数量多,不是大收藏家的兴趣所在,好像是我们这种有点闲钱就手痒的次级藏家最适当的猎物。有这样好的条件，我没有下手大量收藏，岂非傻瓜？有些聪明的朋友，在我倾尽囊底买一些价昂的出土古物的时候，却廉价大量收进这类生活器物。到了近年，大家因出土过多，对古物有些厌倦了，这些朋友却眉开眼笑地看看这些原本不值钱的东西大涨特涨，简直等于买了特价股票，相形之下，我简直是笨蛋。

我承认自己没有投资的观念，我有二呆，呆之一为只随心随意买喜欢的东西，而且不会变心；呆之二为从未想到赚钱，只进不出。有此二呆，我的积蓄就有去无回了。在一切向钱看的今天，被人看为傻子也是应该的。

话说回来，既然有那些收藏的条件，我为什么不下手呢？主要是这两种器物真假莫辨，很难断代。

以香炉来说，铜炉是自明初开始。中国的器物中，自上古的鼎鬲演变为近世的香炉，本就是一个有趣的故事。为什么庞大的用来煮肉的器物，变成不食人间烟火的佛陀前的供器呢？这之间的转化过程还要等真正的历史学家去研究。我们自古物的遗存中知道，到宋代，这一转化过程已经完成了。文献记载，明代的宣德皇帝铸了各式各样的铜炉送给大臣们使用，因此铜炉就逐渐普及化了。

普及化代表一种新的崇拜方式的大众化，但是若说自此之后人人家里的供桌上都有一只宣德炉就不免令人感到荒唐了。二十年前我逛光华商场，看到不少的铜炉，价钱不高，形状都可接受，可是每只器底都有"大明宣德年制"的字样。我初见时不明白，略一打听，原来自明末开始，民间的铜炉一律都伪托宣德，以后三百年在市上销售的香炉就把宣德年制当成装饰的花样了。可是今天的年轻人不明所以，都以为是真宣德，像这样的传统，实在是中国文化中极不体面的一部分，我深恶痛绝,所以拒绝收藏,这是我的呆劲有以致之吧!

宜兴茶壶与铜炉一样,都是早年的模子,大致设计于明清之间,后世为了市场就不断地翻制。茶壶的底款不如香炉普遍,但茶壶比香炉更接近文人生活,所以明末以来就有名家落款,有时在壶身上刻字。这些款与字,也是在市场上常见的,辨别真伪实在非常困难。由于宜兴制壶,民国以后技术更为精进,复制古壶毫无困难,非有超乎寻常的法眼,看不出真实的年代。

由于茶壶难以年代分辨价值,有钱的收藏家想出别的办法来了,原来宜兴制壶近年来颇受政府鼓励,熟练的匠师推陈出新,做出一些新花样。台湾人爱壶,好事之徒就去宜兴购买,对著名匠师的新作品出高价,并加炒作。一时之间,宜兴新壶竟超过乾隆官窑的价钱。这些新式样的壶大多重装饰,出怪招,我既买不起,也没有丝毫兴趣。后来果然如同股价暴跌一样,壶价也跌落谷底,几乎无人问津了。

这是很可惜的发展,宜兴壶在明、清两代发展出的几十种壶形,都是非常美观的。由于以上所说的理由倒了我的胃口。直到今天,我每次在古物店看到茶壶,仍忍不住驻足欣赏,不愿遽然离去,我能拥有几只,摆在案头,日日把玩有多好!可是我终于与壶绝缘了。

话说回头,对于香炉,我一直不能忘怀,实在因我对"香"在古人生活中的角色感到兴趣。在香炉为神佛专用之前,中国的古文化中,香似乎占有重要地位,所以汉代留下不少香炉,只是当时的香炉与鼎、鬲无关,形状倒像"豆",是一种今天冰淇淋高脚杯之类的器物。香放在杯中燃烧,上面有一个盖,雕了各种的镂空的花纹,香气就从孔中溢出。这种东西到了汉末,装饰增多,高脚常有盘龙,盖上则刻仙山异兽,盖呈山状,后来称之为"博山炉"。这说明中国汉代以前就

·(元)王振鹏 伯牙鼓琴图(局部) 北京故宫博物院藏 古人焚香,是用气味来营造生活空间的气氛。画中伯牙鼓琴,手边的树根造型的炉架上,就摆着一件博山炉。

古香器之谜 | 131

发展出很特殊的嗅觉文化，使用气味来营造生活空间的气氛，实在高雅之至。

我醉心于嗅觉文化，所以在十几年前就收到两个陶质香炉，当然是随葬品。一为前汉物，器型简单，盖为非常美观的几何图案；另一为后汉物，为典型的博山炉。当时科博馆正进行后期建设，中有椭圆形大广场，设计师正愁地面铺砌无图案，我就把前汉香炉上的图案用在上面。走到中庭的平台上俯视，就可看见一个大圆形，其中的几何图案就是汉代的设计。今天的科博馆可能没有人知道这个图案的文化意涵了吧！

汉代的香炉可能是贵族生活中所必备，他们的室内一直洋溢着清雅的气味。隋唐之后这种嗅觉的享受可能就平民化了。在唐、五代与北宋的诗词中，不时会出现香炉的描述，可是总与女人及闺房连在一起。温庭筠有一首词，描写一位妇人思念远行的丈夫，独守空闺，长夜无眠，就是面对着一炉香、一支烛：“玉炉香，红蜡泪，偏照画台秋思。”在寂静的夜里，树叶声、雨滴声，把一位少妇的春情描写得非常动人，香炉似乎是这类艳词中不可缺少的道具。花间派词人描写的仍然是贵妇，她们的炉子使用的材料非金即玉，可是没有告诉我们炉子的形状。

我们描述特别吸引人的妇女用"香艳"二字，艳字指美貌与装扮，香字是指味道，可能是指脂粉香，但我不能不联想到室内的熏香与户外的花香。自出土报告上看，宋代出土的陶瓷文物中有一些香炉，称为熏炉，花样很多，尚没有出现鼎鬲形，可见是日常用品。难怪宋人的艳词中离不开熏、香二字，可惜的是，今天很难查考她们喜欢的气味了。

唐人用的香炉是什么样子呢？我尝试寻找，没有着落。前几年在一家向来有信用的古物店里，收到一只滑石熏器，器型小巧精致，颇为可观。店东告诉我是唐代物，是在罐状器的肩上开口。我看这件东西的造型，比起宋代熏器要有精神些，琢磨细致，盖子十分密合，为了填补我对唐炉的渴望，未经仔细查证就带回家去，店东看我着迷，八成价钱已加了码。

  这些都不能解决我的疑问：究竟香炉何时成为敬神的用具？香炉采用鼎鬲的形式后，中国人生活中的嗅觉文化是否已经消失？后来我收到一件小型的青白瓷鼎式香炉，为南宋物，也非常精致可观。这样的小炉子是代替熏炉，增加闺房气氛之用呢，还是放在佛像前，供养神明的呢？还有一个难解的问题：这些鼎式小炉，开口无盖，烧的是香粉呢，还是今天习用的炷香？古物迷人，正在于它带来的无尽的神秘感吧！

2004 年 2 月

香炉的故事

近年来，我已退出收藏圈，不再逛古董店了，可是偶尔还去玉市走走。过去我习惯于逛光华桥下的玉市，可是台北市政府却把它拆掉了，现在只有建国玉市可逛。我实在不懂，光华桥已经存在三十年，早已是台北市重要地标，喜欢在周末逛古物的市民无不视之为重要休闲之场所。台北市文化局常常要保存一些毫无价值的老店铺，却没有设法保存这个重要的市民记忆中的建筑，究竟是何缘故？如今热闹的人群不见了，交通又打结了，这些都市官员脑筋想的是什么呢？

话说回来，玉市的摊子上并没有什么真正的古物，大多是廉价的仿品，或大陆制造的新品。好在所谓玉市，并不只卖玉，而是诸物杂陈，我们去逛玉市，看的极少是玉器，以看杂器为多，其中偶也有少数瓷器、铜器等真正的古物。只是卖正牌古物的摊子，夹在卖廉价仿品的摊子间，怎能取得买家的信任呢？

在玉市的摊子上，价位符合大众化标准的真东西实在不多。十几万以上的真正古物，很难在摊子上成交。容易达成交易的东西总在台币几千到一万左右，其中以略有点年代的茶壶与铜炉比较合适。

我曾在《古香器之谜》一文中提到，明末以后的茶壶与铜炉是古物中极富变化、造型优美、数量极多的两种生活器物。对于中产的收藏家不会构成负担，也有收藏的价值与趣味，是适当的玩物。唯一的问题是真伪难辨。茶壶，指的是明末以来的宜兴壶，今天所见已经都是大陆近年来的产品，做旧的较少。铜炉只偶尔看到，但年代的判断相当不容易，做旧的较多。真正的清代铜炉，据说反而看上去是光洁如新的。

我对铜炉发生兴趣很早。三十年前开始接近民俗文物的时候就看到香炉了。那时候大陆尚未开放，所看到的东西都是台湾民间使用的，也许产自大陆，但都是若干年前运来，经过数十年或上百年的香火缭绕，一身的沧桑，看上去满是时代的痕迹，令人感动。可是与茶壶一样，台湾对铜炉没有形成"玩"的气候，所以形制变化不多，没有收藏物交易的情形。我花了几千块买了一个满布斑驳之痕的簋式老炉，后面有仿制的"大明宣德年制"字样，被内人指为痴人，因不好看，被丢在一边，后来不记得被搬到哪里去了。

很可惜，大陆开放以后，大量铜炉流入台湾市场，我却没有把心思放在上面。当时因各铜炉年代近，眼睛只看到汉唐的古物，就把它忽视了。有一位朋友眼光尖，他大量收进铜炉，十年后，大家的兴趣转移，价格涨了数倍，因此就可拥炉自重了。当然了，我从来就缺少投资心理，即使今天再有机会，我恐怕还是失之交臂的。

铜炉有什么好玩呢？主要因为器型好看，体量又不大，可以把玩，可以放在桌上欣赏，铜色或泛红，或洒金，有富贵气。如想玩香，也可以拿来当香器。大多假托为明代物，只要不太重视年代的精确性就可以了。

在《古香器之谜》中我曾提到，中国的香器在唐宋之前是文人雅士及女士闺中不可缺少的器物。但是香器与纪念性铜器的来源是完全

实用的铜炉

在我小小的收藏中,最大的一只炉是很多年前在光华商场买的。炉身呈四瓣花形,四只袋足平高两厘米,两侧方正的耳,看上去很大气,而且还真可当香炉用,是我家唯一实用的香炉。

不同的。熏香是贵族生活的一部分，商周的青铜器则纯为祭祀之用。所以后者多厚重、庞大，即使是饮酒器的爵也有相当的重量。这两者怎样结合，成为后世的香炉，是一个未经研究的园地。我曾经推测，青铜器的器型改为香炉的漫长演变应该自南北朝始，到明代成熟，经历了数百年的演化期。

让我从头说起吧。在商、周礼器中，比较常见的是鼎、鬲与簋，是在祭祀中盛肉类、饭粥的器物，这是假定鬼神、祖先于阴间仍需要阳间一样的食物。通常在此三类器物外，还有各种酒器。奠酒是中国文化特有的祭仪，这种礼仪一直延续到今天，但是所使用的器皿却改变了。到了汉朝，使用铜器的习俗开始改变，鼎、彝等大型礼器就不再制造了。古代流传下来的大器被视为国家权力的象征，当国宝一样供在朝堂上。汉代的青铜器已经是生活用器，偶有鼎，也很单薄轻巧，不再有纹饰。

我们可以想象，到了南北朝，佛教进到中国，而且为帝王、贵族所信奉，他们面对的信仰上的矛盾是可想而知的。一方面要依古礼祭祀祖先，同时又要依佛礼祭拜菩萨，他们要怎么调适，已经无可考了。佛戒杀生，礼佛只能用花果吧！也不宜酒。香应该可以营造很理想的气氛。是不是这样的思维逐渐形成用焚香来代替丰富筵席的仪礼呢？我推想，用杀害生灵来讨取鬼神欢心的原始祭礼，一定是佛教来华后为我们净化的。

自北朝至宋为中国的中古时期，佛教兴盛；应该就是这时候，借用鼎的形式焚香礼佛。鼎在国人的心目中是祭礼的重器，祭神用，当然也可以礼佛用。只要把鼎内的肉食换上香粉就可以了。为了焚香，不需要那么重的器物，也没有纹饰的必要，因此器型逐渐缩小，终于成为案头之物。到了宋代，用瓷器做成鼎式香炉已经很普遍了。在我的收藏中有一件宋代钧窑的香炉，色天青，形圆，下面三足。失去了鼎应有的两个把手，当然了，一个不到十五厘米高的香炉，怎有把手的需要？可是我也曾买过一个南宋的小白瓷炉，通高不过七厘米，却仍有两耳呢！

到明代，礼器缩小到案头，以铜铸成，已成为通例。宣德炉就是这样产生的。可是宣德年间铸炉，体型虽小，可一点都不马虎，因此也创造出各种式样，开后世铜炉艺术之先河。为了出花样，先要把鼎加以变化。有了宋代瓷质香炉的经验，铜炉就容易设计了。首先，为了燃香之方便，把炉身压低成扁平形，三足自然也缩为极短，就与商周古鼎在形貌上截然不同了。鼎的立耳形把手改为两侧的垂耳，今天再也没有人把炉与鼎混为一谈了。

为了尽量开拓形状的多样性，当时制炉匠师参考了古青铜器的造型，能用的都用上了。经过了宋代复古主义的历练，明人似乎很轻易地传承了古人的型制。古鼎有圆、方两种，而耳、足颇多变化；炉同样的极尽变化之能事，到明代末年，才发展出几种最通用的型制。

除了鼎形之外，鬲是最受制炉匠师欢迎的形式，鬲与鼎之分别不过是直足与袋足的不同。古代这两种器物功能有别，后世则只看形状，觉得袋足的造型有趣而已。我曾买过两个很小的铜炉，古物商朋友告诉我，都是明代末年的东西，一个是鼎，一个是鬲，前者三足，后者四足。这两只炉虽然不够光鲜亮丽，却因比例良好，线条优美，颇为可爱，与我常相左右。

明、清的香炉，不论是三足还是四足，常常暗示袋足的形状，也就是把几只短足做成袋子的样子，并无袋足之实。也许是这个原因吧，香炉在鼎、鬲之外，喜欢采"甗"的形状。"甗"这种怪器在商周古物中也很常见，它是复合器，上为锅子，下为鬲式的炉子，在古代是分开铸成的，鬲是袋足的鼎，所以到了明、清做铜炉的时候，就做成一体，凸显出丰满的袋足。几年前我在北京的摊子上买到一个很小的铜炉，是缩小的、四只袋足的甗形，通高只有六厘米，其袋足只有一厘米高，底部仍然有"大明宣德年制"字样。

不久前我在建国玉市的一个摊位上看到一只相当不错的铜炉，是通高约十厘米的甗形炉，上部侈口，袋足也短到一厘米左右，造型奇特，铜色泛红而明亮，要价一万几千元，我因未带钱而失之交臂。可是类似的有创意造型的铜炉已见过多次了。

在我的小小收藏中，最大的一只炉是很多年前在光华商场买的，那时候光华商场尚没有被电子器材占领，记得我走在一家布置很凌乱的店里，在墙角地上看到那只铜炉。这件东西并没有什么了不起，只是炉身呈四瓣花形，四只袋足平高两厘米，两侧方正的耳，看上去很大器。我为它被老板娘丢在一边而感到不平，就带它回家了。由于它高近十厘米，通长近二十厘米，真可当香炉用，因此它是我家唯一实用的铜炉。

台湾古早常用的小型香炉，多不采鼎、鬲、甗等有足的系列。这是什么原因？可能是到了南方，使用在神佛之前，要踏实一些吧！因为没有足，甚至也没有耳，造型就极简单了。较大型的炉多有耳，是自古青铜礼器中的"簋"简化而来。"簋"音轨，原是盛饭的，型扁平，用来焚香也很适当。这种器物在商周时底下常连着一个方形的座，使整体看上去高一些；通体布满了纹饰，华丽壮观，而且有盖。今天的簋式香炉直接放在供桌上，就无底座的需要了。这就是我前文所提到的，平生所买进的第一只铜炉的模样。

2006 年 6 月

茶艺与茶壶

古物谈了很多,有难以为继之感,初春时节,谈谈茶壶吧!我已经很久没有买古物了,去年曾在一家店里买了一把茶壶,一脑子的狐疑,借此机会与读者聊聊,分享我的经验未尝不是愉快的事。

这把茶壶引起我的兴趣,是因为它与我们今天使用的茶壶非常相近。有三个原因使我觉得它是宋代的古物,第一点是它的釉色,是一种很原始的茶叶末色,近乎越青瓷的系统。元代以后的青花技术成熟,这种西洋人视为硬陶的瓷器就不多见了。第二点是它的壶身,明明是一个圆器,壶身上却被有意地压出六个凹痕,在我手边的资料中,只有宋代有这种制作的习惯与技术,我曾有两个小罐子,就是这样做的。第三点是它的把手,是垂直的环形固着在壶肩上,与宋代的酒壶的做法一致。这是很不容易"执"的设计,便于大壶上使用。元明之后,壶器变小,为便于使用,把手都呈水平环形,固着于壶壁上。

既然有这三个特点,为什么我会怀疑它的时代呢?除了在形式上,壶嘴面呈下倾,似乎是后代的特色外,我搞不懂的是用途。宋代曾有过茶壶吗?

在我粗浅的了解中,宋代以前似乎只有酒壶,饮茶是不用壶的。唐宋之时,饮茶是很讲究的,有陆羽的《茶经》为证。可是当时用茶碗,

茶叶末小壶

这把茶叶末色的小壶,釉色接近越青瓷,壶身上有刻意被压出的六个凹痕,把手垂直的环形固着在壶肩上。虽也曾怀疑它不是宋代古物,但玩古物是种智慧游戏,不要太介意!

把茶研成末,直接用热水冲喝。所以唐宋时代留下来的茶碗很多。日本人把这一套学去,而且把茶碗带去,传承了中国的茶道。赫赫有名的茶碗,天目碗,原来是建窑的产品,被日本人误称为天目,台湾人也只知道有天目碗了。在我的收藏中,杂七杂八,有好几只宋代茶碗,除了天目兔毫外,还有吉州窑的贴花碗及磁州窑的白釉碗等。

宋朝有没有像后代的喝茶方式呢?我孤陋寡闻,实在无法了解,可是到明代即盛行的冲泡方式的饮茶,应该开始于宋代才对,只是在当时并非主流而已。

从今天看来,中国饮茶之道放弃了抹茶,使用冲泡法饮用,绝对是一种进步。把茶叶连渣子一起喝掉,多少有吃菜的感觉,似是茶、茶不分的时代的饮用方法。想想看,如果今天喝茶完全与日本的茶道相同,茶如何普及到家家户户呢?恐怕只能保留在山寺僧众之间,或有闲的得道居士家中,偶尔当作高雅的酬酢之仪式而已!茶在日本始终没有成为平民的饮料,因为饮用的方法过繁,几乎必须仪式化。因此沾染了浓重的贵族色彩,为武士阶级所专用。即使到今天,日本茶道仍然以表演的作用居多吧!

冲泡的饮用法是非常可贵的发明,是很不容易的。首先要有体验,知道茶叶可以冲泡,只喝汤不必吃掉同样有清脾提神的效果。从体验中,知道茶叶经冲泡会发出香味,是抹茶方式不容易享受得到的。最重要的当然是方便,茶叶干制后贮藏,临时用开水冲就可饮用,用不着太多的道具。反观唐宋时期,家里还要准备起茶碾子呢,不用说那些很难记的步骤了。

冲泡饮茶之后,茶遂成为平民日用的饮料,古人把家居日用材料连称为"柴米油盐酱醋茶",视为开门必不可少的七件事,茶虽居末位,却被认为生活必需品了。凡是过得去的人家，客厅大方桌上总有一把茶壶，几只茶杯，家人或客人随时取用。记得在我老家，茶壶是蛮大的，呈圆桶形，上面是铜质提手，壶身为景德镇的细瓷，画有仕女。在老家没有咖啡，父执辈相聚喝茶聊天，常常喝上好几壶，一面烧开水，连续不断地冲泡。在北方乡下对茶叶的品质无法很考究，但边谈边喝，可以喝很多，我小时候专门被招去帮忙烧水，等于古画上那个小童子。

家父来台后仍然保留了这个习惯，只是改用玻璃杯中置茶叶冲泡。记得他每天下午还可以喝上五六大杯，否则是不过瘾的。我留学回国在台湾教书，开始接触台湾当地的文化，才知道这种北方喝茶的习惯相对于台湾的喝茶文化来说是粗糙的。

记得三十几年前开始逛古物店，才发现有很小的茶壶，几乎可以握在手中，而且是用细泥烧成的。只是要怎么用这么小的壶喝茶，并没有观念。我在鹿港买到的一把壶，并不是紫砂，也不是宜兴的，那些都是我后来才慢慢学到的；我买到的是闽南所烧，质地较粗，表面上有光亮深褐釉的小茶壶。造型是仿宜兴壶，却朴质可爱，里面厚厚的茶垢证明经过它的主人长年使用。几百块台币的东西，算不上古物，但上百年应该是没有问题的，只是这位主人为什么舍弃它呢？难道已经弃它而去了吗？

1974年自美返台，接手了溪头青年活动中心的设计案，自台中开车到溪头，中途经过鹿谷一带，常常在那里歇脚，甚至午餐。鹿谷有一家茶行，好像名为建成茶行，老板姓林，很欢迎我去泡茶聊天。林老板颇有茶名，蒋经国、谢东闵等都曾在此饮茶，并留下照片。由于这个机缘，我开始深入了解中国人的饮茶方法。在那个时候，茶具尚没有非常考究，但茶壶、茶杯之外，茶船等都已具备，只是尚未成套而已。

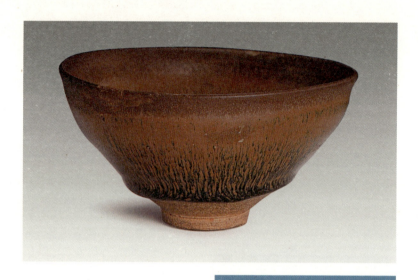

茶 碗

在我的收藏中,杂七杂八,有几只宋代茶碗。唐宋之时,饮茶用茶碗,把茶叶研成末,直接用热水冲喝。所以唐宋时代留下来的茶碗很多。

林老板教给我怎样温杯，怎样倒茶，怎样闻香。我才知道中国人的品茶有这么多讲究。他也说了些选茶之道，当时听了明白，后来也就忘记了。他对台湾的冻顶乌龙当然赞赏有加，认为比大陆的乌龙茶好，那时候大陆还在闹"文革"，什么人会想到茶道、茶经呢！

有这点基础，我才对明代以来的南方宜兴壶发生一定的兴趣。这几百年间，宜兴的紫砂壶发展出多种标准的壶型，大多优美可观，但由于长期的流传，年代的特征已经很模糊了，不像官窑瓷器，可以分得出康熙、雍正、乾隆与明清、民初等，换句话说，对茶壶的收藏家来说，数量相当大的古物与民国仿古物几乎是不易分辨的。这就是后来我虽甚喜欢各式茶壶的造型却没有下手进藏的原因。

在大陆开放之前，台湾一度兴起品茶之风，有一位蔡荣章先生，对品茶特别有兴趣，开了茶馆，推广茶艺，制造整套的茶具，甚至研究泡茶的礼仪。由于台湾有日本文化的影响，不免受日本茶道仪典的暗示，所以在茶具上参考日本也是理所当然。可惜清淡的茶香到处挡不住西洋浓郁的咖啡香味，茶馆兴了几年，又慢慢沉寂了。大陆开放之后，台湾发展成熟的台式品茶很快转移到大陆，受到大陆热烈的欢迎。

记得有一年我在北京，到恭王府参观，大厅之上居然有女子泡茶待客，使我大吃一惊，这可以说是台湾文化回输大陆的明证，彼岸的朋友也不否认。

由于台湾品茶一时之盛，大陆开放后，台商到宜兴去买壶者众，台湾收藏界一度有宜兴热，不是收古物，是收在世的匠师作品，并供炒作。他们把一些名师的作品包下来，在市场上哄炒，一把壶有时卖到几百万，比真正的艺术品还要贵，这样炒，当然不免泡沫化，当少数昏了头的富有收藏家猛醒过来,不再投资后,紫砂的市场就砰然倒地,一蹶不振了。其实新制的壶,花样很多,并没有多少真正有艺术价值的作品。

话说回来,这些年来,我除了买一二件看相不错的小壶外,基本上是做一个超然的旁观者。但我也发现,品茶文化在民国时代也不是没有发展,所以偶尔可以看到景德镇出品的小瓷壶。有一年我在扬州瘦西湖边的古物店里买了一只同治款的小瓷壶,画得很细致,是童子戏春的故事。彩很淡雅,但我看并非真正的晚清作品,应该是民国时假托的东西。这种壶可能不是南方品茗所用的器物,弄不好是做了供一些无所事事的富家青年,捧在手上对着嘴喝的。这是民国前后发展出的轻浮饮茶文化,是典型的中国文化的末流。

说了半天,还是没有解决我的问题:我买的这个茶叶末小壶,究竟是不是宋代的古物?由于大陆仿制古物的能力不断提升,再问这种问题,不免觉得自己幼稚。到了一种年纪,玩古物应该也可以忘年,它完全是一种智慧的游戏嘛,不要太介意了。先信以为真,如果有一天被高明的朋友指出其作伪的破绽,哈哈一笑而已!

对于我这把小壶,暂时还是相信它是老东西吧!

2007年3月

一对大眼睛

在中国文物中,有一个怪异现象,就是自上古时期到汉代的器物上,常可看到一对大眼睛。这对大眼睛只是两个圆圈,呆呆地向前注视,令人生恐惧感,这究竟是什么意思呢?我查了资料,居然没有文物学者讨论过这个问题。在我粗浅的知识中,自西亚到西欧的古文明中,并没有类似的图像。我也不记得美洲的红人文化中出现过这类的形象。这与中国文化有什么不可分割的关系呢?

有一点是不能否认的,就是在古典文明来临以前的人的造像,女性是强调乳房,男性则强调眼睛,可知眼睛是精神力量的象征。在西亚古文化中,曾发现一种"眼睛的偶像",可能是简化面孔的结果,头部只看到两只眼睛,不免使人联想到中国的古文物上的一对眼睛,是不是可以把中国的眼睛也解释为"眼神"呢?

在民智开化之前,世界各民族都不免生存在神智黑暗之中,对大自然的力量感到恐惧,这是原始宗教产生的时代,也是创造驱邪符号的时代,这对大眼睛显然是把人类眼睛的灵光当成超自然力量的象征了。中国人在五千年前就发明了一种怪兽,用以镇压鬼邪,那就是后来的铺首"饕餮",最常见的是做在大门的门环上,唐代以后改为狮子头。中国人为什么这样常用这对大眼睛呢?与缺乏宗教信仰的尚鬼文明多少有些关系吧!

我最早接触这对大眼睛,是十几年前见到一件不大的青玉环状物,因一边有缺口,可称为玦,但一端突出怪物的头,若两耳状,两侧各有一只圆圈式的眼睛。这是什么?主人告诉我是红山文化的猪龙。我觉得此名称好笑,去查考资料,发现大陆的文物学者果然称之为兽面玦。因为看上去很像一个怪物弯曲着身子,首尾相接,也有人称它为龙胎,意味着龙在母腹中的形状,是很有想象力的名称。背上有一个小孔,可知是佩戴物。四五千年前的佩玉大多是挂在胸前,想来是与珠子、管子之类挂在一起的吧!用以辟邪,十分合理。

我买东西,纯粹是好奇,不是欣赏,是想对中国古文明有所了解。因为红山文化玉器中有一种叉形器,与西亚的"眼睛的偶像"很相似,只是后者显然是人偶,中国红山的东西则为怪兽。

在玉器中真的称得上大眼睛族的,是比红山略晚的良渚文化的产物。不知两个相隔千里的古文化是否有传承的关系。在新石器时代,年代的先后与文化的影响有些扑朔迷离,难以分辨,山东的大汶口与龙山文化,无论在空间与时间上都居其间,不知台北故宫所藏龙山玉璋上的大眼睛兽面纹是不是良渚文化兽面的前身。

总之,十几年前我第一次看到良渚的玉琮,使我十分感动,琮这种外方内圆的东西,是中国古代特有的产品,也代表中国的文化精神。中国人的处世之道,一如后世的制钱,外圆内方,一如古琮,内圆外方。外圆内方表示对外圆融,内心刚正,是读书人互相勉励的处世方法。圆融可以把关系搞好,以便成事,但对事的要求则不打折扣。可惜这只是理想,在真实世界中,一旦圆融,很难不堕落为圆滑,内心也方正不起来了。至于内圆外方,是指对外守正不阿,内则充满爱心。这

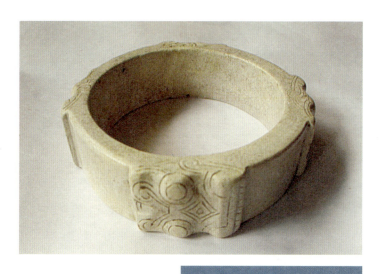

玉 环

这件玉环,是在圆圈上加四只兽面的造型。兽面有两只角,一对大大的眼睛最为突出,鼻子、嘴巴都是刻划出来的。

是历代名臣的作风，他们难免承受挫折甚至为流俗所抛弃。

良渚的玉琮种类很多，最精彩者基本上为圆形，四角突出略呈方形，其雕凿之工非常精细，线条繁密美观，这种东西应属国宝级的文物，上等作品市场上是很少见的。琮这类器型的来源没有人说得明白，因为是礼器，所以有人强调方、圆的象征观念，我是不相信的。我认为它的产生应该仍然来自人类的装饰天性。开始时应该是圆的臂环。环与镯都是当时头目阶级的饰品，所以不惜工本加以刻饰，关键就在刻饰的方式上。

我曾买过一个很漂亮的良渚玉臂环，素面，但外侧有精巧、美丽的内弯曲线，已沁为骨白，内人戴在手上，过了一阵，发现有一裂纹，送回店主修复，他觉得既然有缺点，就为我换了一只玉镯，有自然粗犷型的美，当然谈不上装饰了，应属于较低阶级的所有物，当时比较重视的环或镯都是经过精心琢磨，加以雕饰的。雕的是什么呢？是辟邪的兽面。足证当时的饰物除了美观之外都有心灵上的意义，是平安符的一种。

良渚时期的雕法是在圆环的外圈雕上四个兽面，眼睛、嘴巴略突出，再以细线刻出细节。他们基于今天不了解的原因，没有刻满，只刻四只，形成了中国古文物的重要特色——圆中有方，直到汉代之后才逐渐改变。最近我得到一个玉环，就是在圆圈上加四只兽面的造型。兽面有两只角，一对大大的眼睛最为突出，鼻子嘴巴都是刻划出来的，只是尚未出现琮的形状，应该是过渡期的东西。

在臂环的制作上，他们把四只兽面做成方形的角，就成琮的原型。所以良渚的琮，外面的方形四边微微外弯，仍有圆形的感觉。倒是这四个兽面的两只大眼睛，成为四角的焦点，雕饰都集中在这里。所以看良渚的玉琮要对角看才成。

几年前我到杭州访问，去良渚博物馆参观，在礼品店买了一只玉琮的复制品，做得相当逼真，只有在放大镜下，才显出细线条是机器刻成。大陆的仿制技术已出神入化，难怪今天的古物市场搞得真伪莫辨，使收藏家缩足不前了。如果不是我亲自在礼品店买来，真不敢相信它是伪的呢！

新石器时代的兽面，到了商代就变成饕餮纹。"饕餮"据说是一种好食的兽，最明显的特点还是一对大眼睛。时代进步，形象比较明确了，眉目分明，可是它的基本用意仍然是辟邪。商代文物以铜器为主，在重器与小型器物上，装饰的纹样最主要的就是饕餮纹。这种怪兽与良渚玉器的怪兽一脉相承，绝对是同一类东西，只要看它在器物上的位置就好了。商代的铜器纹样相当多，凡是兽面纹的，一定占有重要位置，此其一；兽面纹之应用常常在分界之处，比如袋足的两面，中线的两边，中有突出的"扉棱"，如果没有那一对大眼睛，很不容易看出是一个兽面，尤其有些兽面的眼睛与乳钉无异。这个传统到周代中期以后才慢慢消失，改换为比较柔和、近人的纹样。

以我这样不入流的收藏者，当然无能力购买商周重器，可是我曾买过一个很小的青铜兽面，大概是器物上的配件，两角弯曲，两目圆瞪，还有两个獠牙，凶猛而可爱，与后世大门上的铺首已相当接近，可惜无法知道它原有的用途。可是在战国早期的器物上已经出现把兽面当成独立的纹样，鼻子上挂着铜环，可以说是铺首的前身了。这时候兽环的眼睛慢慢自圆形演为较写实的眼睛，到了战国中期已有雕得很细微的铺首流传至今了。有趣的是，中国后期铜器似乎特别喜欢用铜环为装饰，有时则用作提手。

若干年前，有位古物商朋友送了我几个不值钱的小东西，显然是汉代陶盘上的四个饕餮纹装饰，原是有环的，想来陶盘已经破损了，贴在盘上的四个兽面脱落，这位朋友知道我喜欢钻牛角尖，就送给我了。因为它们与铜盘上的兽面一样，我确实很喜欢去揣摩其造型的细节，特别是那两只大眼睛。

总之，大眼睛的造型到了汉代之后就告一段落了，饕餮衔环渐被狮、虎等替代。这可不表示大眼睛情结就此消失，而是在佛教来临之后，转到护法天王的脸上了。在唐代三彩器中，发现了一种人面兽身有翅膀的怪物，蹲坐着，凶猛的两眼，表达出极端的愤怒，是为亡者守护以免恶灵侵犯的辟邪造型。这种东西除了博物馆外极少有人收藏，因为不宜放在家里。我这个不入流的收藏者却专爱别人不要的东西，在大陆出土文物泛滥的时候，我花了不少钱买了两只，完全没有考虑投资的效益。

中唐之后，镇墓兽少见了，镇墓与佛寺一样都用武士，称为天王。唐墓出土的文物中，最生动可观的器物之一就是天王俑，尤其是红陶上彩的一些作品，两只大眼睛突出，勇武有力，十分可爱。唐代之后，就转到门上，成为武将门神了，但仍少不了那对过大凶猛的眼睛。

在中原之外，蜀地的边缘，出土一种造型非常特殊的汉代黑罐，很像希腊的双耳提壶，十分美观。我最早是在日本博物馆的出版物上看到的，惊为异物，这种罐子的特点就是在腹部有两只圆眼睛，粗看起来，就是上古时期的辟邪面孔的简版。没想到，在大量出土的那段时间，居然被我收到两件，成为我家最有抽象美感的陈设物。

2007 年 4 月

逛玉市之乐

很久没有逛古董店了，近年来只偶尔逛逛玉市，所谓玉市，其实杂七杂八，样样都有，玉器所占比例不多，而且伪的多，真的少，话说回来了，逛玉市的人哪有带支票买东西的？不过闲来消遣，遇到有趣的玩意儿，花几千块买回来，轻松一下而已。到玉市，恐怕没有认真的收藏家会打算买到真正的古玉的。当然了，那要看你怎么解释"古玉"了。

玉市中的"古玉"，最可靠的大概是清末到民初的玉花片。这种东西是很讨喜欢的。薄薄的一片，雕出一朵花，打磨得十分光亮，中间有孔，可以装在帽子或其他衣物上。表面精细，背后通常是粗面。这类东西因为工多价廉，不值得仿制，直到最近才偶然见到新品。

大家比较有兴趣的是雕刻类的小玉件，大多是小动物或童子一类的东西。可是这一类的真伪最难辨别，最容易鱼目混珠，没有眼力，是分不清楚年代的。

这类东西，过去称为圆雕：圆，是立体的意思，自新石器时代就有了。可是汉代以前，形制古朴，象征的意义大过写实，谈不上美观。圆雕是兴于唐宋，到明代才成熟，所以在古董店里，凡有较古雅的立体玉件，大多会说是明代。可是自宋末到今天，是一直都在制作的。

古物的断代，要精确，一定要有学术性的研究，宋代以后的小件圆雕，不登大雅之堂，哪有学者会为它花工夫撰写论文？所以研究资料是全缺的。何况要认真地研究，必须以考古的发掘为基础，有了若干件确定无误的年代为基准，才能定出时代的特征，可是小件饰物不是随葬品，古墓发掘中少见，所以考古图录中也没有这类东西，一切就靠古物商人的解释与认定了。

在玉市中，没有固定的客户，靠人来人往做生意，依收藏者的眼力，商人的说服力来成交，这种来源与年代扑朔迷离的"古物"最为适当，最能引发游戏的兴味。这几年我逛玉市的经验是：这类挂在身上把玩，又可以避邪的小玉雕，十之八九是新近的制品。

有一部分是老实地把新品当新品卖。这一类玉器的主题多半讨好现代人，如菩萨像等颇受欢迎，现代大陆的工匠已可使用电动工具治玉，他们又受过些美术的教育，所以造型很写实、细腻，与古玉比起来要生动得多，要价也不便宜。对有意买一块玉挂在身上的非收藏家而言，只要是玉雕，又美观、可爱就很好了，年代对他们而言是没有意义的，他们在乎的是玉质，一定要白、要润，还要价钱合适。所以玉市成交的，大多属于此类。

对于好古之徒，这些新玉就看不上眼了。然而凡到玉市找玉的人，不可能是高档的收藏家，他们对玉质也总是很介意的。制作挂件的仿品，总是以白玉为主。大陆的和阗玉，由于市场的大量需要，越来越贵重了，所以仿品也跟着涨价。在玉市，已经无法在价钱上分出新、旧玉的分别。一般说来，玉质好，工又好的大多是新品。除了少数老实的主人，为了满足好古者的心理，总是把新品当老玉卖的。这是考验我们眼光的好机会。

我曾在《初探古玉的世界》一文中提到，我的古玉收藏是从高古玉器开始的。可是在当时高古玉器实在太贵了，商周的古玉，随便一件小东西就要几十万，多看可以，真正要玩是玩不起的。明清以后的白玉便宜很多，我虽不甚喜欢，却也免不了常看，看久了，经不起店主怂恿，也开始买几个玩，或买来给家人佩戴。

我收藏的白玉件都是在态度非常严谨的古物店里买的，但坦白地说，我对这些东西的时代没有判断力，只能信任他们。记得有一次在一家店里看到一件很生动的玉雕，雕的是"胡人"，店主告诉我是唐代的作品，由于白玉而有艺术味道的很少，虽然贵了些，还是买回家了。可是那一个周末我陪儿子逛玉市，在一个摊子上赫然发现一件极为类似的东西，不过一二千块而已。这位店主通常以严谨闻名，从来不卖假物，也吃了一惊，就把两件都收去了。足证再有眼力的人也会看走眼。

可我还是在他那里收过几件他认为的宋代玉器。其中有一件是动态的人物，小到两厘米左右，造型简洁抽象，他认为很美，只有宋人才做得出来。我也很喜欢，姑且相信他，就予以收藏。可是我心里并不踏实，因为越是我们看上的东西，也就是越合乎现代美感观念的东西，越可能是高级的仿品。古代的玉匠是匠人，他们只照习惯制作，只有今天的玉匠才可能受艺术家的指导。

玉市中也有很多所谓高古玉器，数量最多的是仿古的三级品。我称之为三级品，是指那些照着书上的图片，不经意地仿制，做工粗糙，也无意骗人的东西。这类器物有些极大的，可以做摆设，也有很小的，如环、玦之类，不乏名品的仿品。只是不明白，这些东西的客人在哪里？一般逛玉市的人，怎会喜欢这种灰暗、古怪的东西？喜欢古玉的人怎会买这样粗劣的仿品？

战国青玉三联环

这件在玉市闲逛得来的三联环,虽然看起来不大起眼,但仔细一看是由青玉刻成,每环都是一只雅致的凤头,环体为纽丝纹组成,色沁自然。

有些仿古玉器，是小型的璧、环之类，可以佩戴的，因为简单，仿制的真伪难辨，并经做旧，看上去很古雅，可是价位很低，对于好古不在乎真伪的爱玉者有些吸引力。我在收藏古玉的初期就是以这类为对象，这类古玉还有一个好处，是历代均有仿制，虽不一定是战国、汉代的东西，仍有可能是明、清的古物。这是第二级。

第一级是认真的仿制品，几乎可鱼目混珠的，数量就很有限了。有一次我逛到玉市，一位先生招呼我坐坐，我被陌生人认出，心里不免为其所动，就坐下聊天。他告诉我，真正的高古玉器是不难买到的，只是为少数人控制，造成稀少的假象，以提高价位。我听他的话感到很好奇，就请教他，哪类的古玉在他的掌握之中。在他的摊子上摆出来的，以我的眼力可判断是仿品。他从身旁的袋子里拿出一个锦盒，其中有一件我看上去很眼熟的东西，使我一时说不出话来。这件东西若是真品，在严谨的古物店里至少要卖几百万吧！可是我的眼力居然无法判断其真伪，问起价钱，也不过几万块而已。

我啧啧称奇，问他可否让我带回家研究一下，他答应了。原打算与古物商友人讨论，可是他们的行规是不涉他人的生意。其实不需要，我翻阅书上的图片，可以找到仿制的原件，比对之下，发现有九成以上的正确，足以乱真，可是在细微处，仍没有绝对周全。自这次比对中，我才知道大陆新仿的古玉，水准之高足以破坏古玉市场了。

玉市有没有真正的高古玉器呢？极少，还是有的。这就要碰运气了。

真正的玉器多是开店的古物商生意不好，周末到玉市弄个摊子碰运气的。有的商人到大陆去找古物，在偏远的市镇，可能找到些真东西，只是不会有很好的品质。因为他们开店，知道行情，所以开价不会太低，远高出玉市一般价钱之上，我相信成交是很不容易的。谁会花上十万、八万在一个摊子上买东西呢?

在这里偶尔也会碰上一二件有趣的东西。不久前，我看一个摊子上摆了些品质不太好的高古玉器，看到一件东西很不起眼，是一块战国时代的三联环，随便丢在一边。问起价钱，还比不上一只有刻饰的玉环。仔细看看，是青玉刻成，每环都是一只雅致的凤头，环体则为纽丝纹组成，色沁很自然，很耐细看，而且几乎可以确定不是仿品。三联环是一种巧雕，一块玉刻出三个套在一起的环，需要一些技巧与巧思，只是令人不易用为佩玉，而且色泽较深，不讨人喜欢，所以无人问津。

我很高兴在讨价还价之后，以我口袋仅有的钱买下来了。这可能是我在玉市买到的最满意的东西，它使我更加喜欢有空时到玉市闲逛，"寻宝"，不是一句空话呢！

2007 年 5 月

奇石与文玩

中国传统的文人自南北朝以后,就生存在矛盾心情中。一方面希望通过各种方法,走近权力中心,以学问济世,但又惧怕受到伤害,不愿意离开山林泉石太远。他们即使在事业上飞黄腾达,也要掌握随时回归田园的机会,因此心里永远有一个陶渊明。

这种矛盾的心情产生了中国所特有的艺术:中国园林。中国的造园实际上是在自家后院子里准备一个可以随时退休的山林。甚至在事业的顶峰,也可以退到园子里,排解一下世俗的压力,舒展一下心胸。

山林泉石在文人生活中占有重要的地位,所以传统绘画以山水为主题,就成为文人修心养性的休闲活动,这就是文人画在后期中国几乎独占艺术领域的原因。文人是以文字表现技巧为基本的艺术家;他们先是文学家,也就是诗人,其次才是画家。王维的诗画同体,被称颂的"诗中有画,画中有诗",乃是传统艺术的最高典范。诗画一体的理念其实是落实在自然景物之上。

传统文人把自然园林视为精神生活的支柱,甚至表现在生活的细节上。到了明清时代,对山林泉石的依赖日甚,园林已经案头化了。中国人发明了一种迷你型的自然景物陈列方式,那就是盆栽,把山林缩小到玩具的大小,置于案头,满足山林生涯的向往。

盆栽的构成是由迷你树与迷你山组合起来的。把活生生的树木养成侏儒，看上去像百年古木，需要特殊的技术。盆栽虽为中国人的发明，却由日本人发扬光大，因为他们有耐心与毅力，研究种植的方法，到今天，世界上都知道有盆栽这种艺术，都以为是日本文化的产物，连英文名称都是日本话。话说回来，台湾市场上流行的盆栽，若没有日本传统的加持，哪有今天的盛况？张大千的花园里的松树盆栽都少不了日本的影子。

只有小树不能成景，必须配以山石，因此才有玩石的艺术出现。在大自然中捡拾顽石，而有山岭气象者，用以配树景，并不是很简单的，需要一定的诗文、绘画的素养。其实唐宋以来，园景中就以奇石为主角，奇之甚者，透漏之极，已失掉石的趣味。但是在日式盆栽中所需要的山石，却是山的缩影。明清之后，奇石逐渐成为文人案头的装饰，可以视为独立的艺品了。

在我收藏古物的早期，对于古代文人的游戏，视为腐败与颓废，不屑一顾。我所爱好的只有生活器物，尤其是陶瓷。年事渐长，古代文人的毛病在我心中发酵，开始欣赏起文人雅趣来了，这时候，我与何怀硕夫妇相熟，不期然地受到他们的感染。记得在当时，我担任自然科学博物馆的馆长，在该馆的不远处买了一栋宽大的住宅，怀硕送我一块石头作为礼物。石长近尺，高半尺，层峰叠峦，很有气势。自此后，我有机会逛文物店就会看看有没有石头，只是在市场上石头不多，有看头的极为少见。

与园景的石头类似，奇石有两类，一是看上去为山峰的石头，产在灵璧者多，通称为灵璧石，大多为青灰色。一是看上去既透又漏又瘦的怪石，产于太湖者多，概称为太湖石，大多为土黄色。中国文人的传统中,以后者为正统,尤其经画家之笔予以夸张,成为众人之所爱,反映了中国深度文化的病态。

大陆开放之后,江南一带爱石之风很快就恢复了,当然以太湖石为贵,与我共事的一位老弟,杨维桢,到大陆发展颇有成就,以收藏奇石为消遣,几年前过年时带了一块石头送我为年礼,全身洞洞,上大下小,有林黛玉风貌。很好看,使我怀疑是伪造的。今天,凡是值钱的东西都有伪造的能手。我问维桢辨真伪之法,他也茫然。那块石头放在事务所的案头,几年前一次地震,竟因头重脚轻而摔倒,断为两块,十分可惜。

台湾玩石也有两类,花莲一带的石头,青灰而坚硬,似灵璧石,垦丁一带的石头,土黄而多孔,近太湖石,都很有玩头。还有一种爱石人喜欢钟乳石,高价收购,使得大陆云贵与南洋的自然山洞中的钟乳石受到破坏,实在很要不得。钟乳石怪而不美,既不像山峰,又无关于中国古文化,何以有人喜欢,令人不解!

不久前我去逛花市,看到一个摊子上摆了很多小型的怪石,其中有一块,形状极为优美,简直是陈老莲画中的东西,通高也不过十五厘米,很适合案头。问起来是来自垦丁,才几百块钱。买回家来,与内人养的小盆案头兰花放在一起,很有味道。忽然间,我发现自己老化了,居然喜欢起年轻时视为颓废的东西来了。

我承认这块小石头是大自然灵巧的产物,是一个三度空间的雕刻体,可玩、可赏,绝对不亚于人造的器物,称得上鬼斧神工。明代有一位大画家,专画这种石头,就是因为空间的灵透非人力所能。古代的文人找到这种自然的造物可以驰骋想象力,实在称得上奇妙。试想造物者花了几百万年把海底的堆积物压成石头,然后又花几百万年,

优美奇石

来自垦丁的小型怪石,呈三度空间的雕刻体,是大自然灵巧的产物,称得上鬼斧神工,可玩、可赏,绝不亚于人造器物。

·（明）陈洪绶　童子礼佛图轴　北京故宫博物院藏
画中有一大型太湖石竖立。

用水把石头中较软的杂质冲掉，露出水面，才能成就今天在我眼前的这块怪石，供我欣赏，这不是缘分吗？

话说回来，传统文人既然如此喜爱自然山水的景致，在案头上又有盆栽、奇石，他们的文房用具也少不了山石的影子。明代以来，就开始模仿山石的样子雕玉，起了个很可爱的名字，"山子"。明人对山形有特别的好感，而且赋予象征的意义，所以在官服的下摆中央总是有一个山子为装饰。在晚明瓷器上，这种图案是经常出现的。我曾看

奇石与文玩　163

· 元人　张雨题倪瓒像　台北故宫博物院藏　画中倪瓒坐在榻上，倚着扶手，手边放着砚台和一捆卷轴。榻旁有个茶几，上面摆着山子笔架、三足古铜器等物品。

过一个万历时期的五彩器，做成山子的样子，非常美观，作为笔架之用。山子中间高，两边较矮，是当然的笔架，反过来看，我们对于中央为高峰，两侧为低岭的山形，通常称之为笔架山，在风水术中，这种山形是象征富贵的。在过去，笔架是文人与官员的用具，不读书的平民家里是看不到这类东西的。

几年前我尚收藏古玉的时候，在一家店里看到一只玉山子，造型活泼，线条简洁有力。整体看，是个笔架，但细看其刻纹，立体而略卷曲，很像云团飞动。我因它富于创意而买回家，还是把它当笔架用。有趣的是，它的后面色泽较深，所刻使用直线，尖角向上，是很清楚的山子，使我感觉如同云团漂浮于山端，别有一番风味。

到了清代后期，文人对山石的爱好越趋浮滥，排斥几何造型，几乎认定简单就是丑。这也是中国人美感严重衰退的时期。在当时简单几何形只用在瓷器上,因为表面可以用绘画或图案美化。至于石造的文房用具,如砚,宋代之前的简单造型美感逐渐消失,砚石上常雕以花鸟或山水,或伪托古人,刻上诗句,成为文学、绘画的延伸。

我可以接受的是创意地使用山石的形象。我收的文玩中有一个很小的石砚,约五厘米高,石色黝黑,刻成一块自然的岩石状,似为峭壁。上面研墨处为一不规则的略倾斜的平台,可以看出使用的痕迹。这样完全以自然石形为砚的作品是很少见的,可以作为中国文人想象力的证物。只是这样的砚,使用起来要很小心,真的需要一位细心又美貌的丫鬟研墨吧!

我有一件石刻的水盂,石质深灰,造型为自然曲线,四足,通体刻了凹凸不平的乱石表面,其中一边还用巧雕手法刻出葡萄及藤、叶。以工匠的刻工来说,这件作品是很认真、很精巧的。可是既然把一只水盂刻成顽石,就不应该有足有精细的口沿。这件东西予人以过度刻饰之感,而没有掌握到自然的精神,可以说是中国自然文化末流的产物。我收藏这只水盂完全是为了印证传统文人在自然美感方面的衰落。虽然如此,我对工匠的雕刻技巧仍然是钦佩的。尤其是那么细的葡萄藤的须须,都不厌其烦地刻出来了。

2007 年 6 月

老来收藏之乐

在我玩古物的岁月，最沉溺的一段时期是玩古玉。开始时，我是看不起玉器的，觉得它是贵族的玩物，不足以代表中国文化。后来略加涉猎，才发现那是我的偏见，玉文化是传统中国不可少的一部分，我在以前写的文章中，曾讨论过了，在此不赘。

这里我要说的是中国古玉的精华，是汉代及其以前的玉器，是玉文化的高潮期。我要为读者们介绍战国时期的一部分玉器，是高潮中的最高点。今天的玉文化，自明清以来，已经玩物化了，强调挂饰作用与手感，是以把玩为主要功能，因此追求圆润的造型，与三代玉器的精神相去甚远。我曾在另一篇文章中指出，上古三代的玉器是以扁平器为正宗，因此玉器的装饰性与美感是以二度空间的图案与设计为主轴。当时的玉器为贵族服饰的一部分，有显著的象征意义，因此在美感中透露着几分严肃的意味。最近震旦博物馆出版了一本《战国玉器》，很值得对古玉有兴趣的读者们参考。

我对古玉发生兴趣的开始，是来自对龙纹的好奇心。龙，我们所习惯看到的模样是明、清定型的，突出的眼睛、古怪的鼻子、长长的胡须，还有两只鹿角，是很难看的怪物。远古的玉器既然都是龙的化身，那个时代怎么去推想龙的形象呢？寻求答案的方法当然是去观察三代的古玉，而恰在此时，我的古物商朋友正在收集并研究古玉，可以提供我想知道的答案。

那个时候，三代的古玉是非常昂贵的。玉器大多都是很小的东西，可以用两个手指夹起来观赏，极少有超过手掌心大小，所以动辄几十万，略特殊的要以百万计算，对我来说是很可怕的，所幸这位朋友研究的兴趣浓厚，很喜欢把手边的玉器拿出来与我讨论。在那几年间，我也尽我经济的可能，买了几件。

我买玉，不愿意买型制古朴的新石器时代玉器。因为我认为玉之可贵在于精致，在于造型之美，也就是其艺术性。新石器时代的璞玉，当然有其文物的价值，然而太朴拙了，只是一块石头而已，反映不出文化的价值。由于这个缘故，我买玉是自略为精致的西周器物开始，逐渐尝试买比较小型的战国精致器物。而这些玉器的纹饰大多不出龙、凤、人物之属。其中特别使我发生兴趣的当然是前文中所说的龙纹了！由于当时的玉器多为片状，纹饰就是平面设计的图案，龙纹就类似图画一样地描绘出来了。

我发现，龙的观念创生得很早，但是龙的形象到商代才萌芽，就是古篆文上"龍"字的样子，有一个大眼睛，一只卷曲的尖尾巴，头上有两只角，只能说是一个符号，谈不上造型，也很难想象其全貌。到了周代的初期，玉器的纹饰仍然以各种动物或鸟、人之形象为多，龙形相对少见。偶尔有之，模糊不成形，同样很难想象其全貌。这时候，龙之出现多在玉璜的两端，以龙首的模样来说，似乎有一个大舌头，勉强可视为两只龙共有一个身体。老实说，要问龙为何物，自这时的图案上，实看不出名堂来。

龙到春秋晚期才慢慢有点样子。不知何故，到了东周，玉器上出现一种深具特色的谷文，一粒粒的凸出于表面，形成近千年的装饰风格。这时候又由于不可知的缘故，玉匠们开始用弯曲的S形做龙饰，代替了之前的C形。这就是中国S龙的雏形。只是最早出现的这类龙，虽已脱离混沌，已有了鼻子、嘴巴、耳朵，看出肢、尾，但整个形貌仍然融入谷纹装饰之中。

一直到公元前4世纪，龙的头部才正式成形。我观察到有一个原因是器型的改变。在春秋之前，装饰性玉器以璜为多。璜是下垂的半圆曲线型器，两端有孔，可以加系，挂在脖子上，贵族身上可能挂上若干只。这种器物的两端是用龙来收头的，但是因为必须有孔，所以龙首的形状不易明显。4世纪以后，璜器渐反过来成为珩，也就是曲度减少，两端下垂，系在中央。大概因为装饰的花样多了，珩只是其中的一件之故，两端不必有系孔，嘴巴就张开了，早年的那只大舌头也消失了，龙呈现眉目清楚的形象，到后来，谷纹自头部消退，形象甚至有浮雕感了。

战国玉器是龙形独占的时代。由于独立诸侯多了，玉器的装饰需要量大，因此龙纹在玉器上的呈现有多样的变化，有以浮雕的方式出现在玉牌上的，也有以透雕的方式刻画在玉版或玉璧上，形状有许多变化，设计多甚精巧，呈现中国玉器史上创造力最蓬勃的一面，可是最精彩的还是S龙的诸多变形。

在古物店里当然看不到书上那么精彩的东西，但是形制之多亦令人咋舌。我有意买一件玩，可是店里的东西大多不是太粗糙，就是沁伤很重，不太起眼，想来战国时已经有专门为陪葬所雕的粗玉了。等了近一年，才看到一个五六厘米的小件，上面是近似谷纹的云纹，玉质纯净光泽尚佳，是一只站立的S龙。这是稀有的设计，而四肢与尾的设计非常和谐美观，它遂成为我所拥有的第一只玉龙。

自此之后，我开始注意透雕玉饰。战国时期的匠人掌握以空间来造型的道理，使用在玉器上，极为精致美观。公元前 4 世纪之后，他们发明了自平面看的龙头，又把龙身拉长，头小、身长，看上去更像蛇。这种蛇状的龙用在透雕上，可以构成多只龙身互相盘绕的设计，非常精巧、美丽。有时参以凤纹，就是龙凤佩了。我猜想这类东西应是楚地发达后的产物。造型大多对称，有时还有边框，我这种有设计背景的玩玉者特别感兴趣。

可是这样的设计，其精巧水准、保存情况有很大的差异，看多了想找一件自心里喜欢的还真不容易。我扪心自问，原来是因为我对蛇头龙并没有太大的好感之故。直到有一天，我看到一件略呈珩形的东西，眼睛大开，费尽力量设法买来。这件东西的特点除了外形略带曲线外，无论线条粗细的调配，空实的安排，都是镂空器中的上上品。照理说，我应该买不起的，好在这件玉器的一只下垂的尖角不知何时被碰掉了，应该算是残件。同时此件受沁甚深，虽玉质未损，但失去了玉质的透明感，看上去近似石质！在我看来这些都不算什么严重缺点，在价钱上却可大幅降低，使我总算得到一件比较珍稀的藏品。

战国的透雕龙饰向来是我所喜欢的，因此后来也买过几回，但都不满意，都被我下决心退回去了。转眼间十几年过去了，早已把这好玉之癖忘掉。偶尔去玉市逛逛，当然没有认真找东西的意思。试想在玉市的摊子上会有我认为的古玉极品吗？即使看到也不会相信吧！

信不信由你，最近我真的在玉市摊上看到几件可能是真品的战国龙形玉佩。其中有一件透雕，在色泽上与我先前收藏的有些近似，细看之下，是由四条龙组成的图案，刻纹精细，勾边很考究，空实关系

战国龙形玉佩

这件透雕玉佩,虽被贩卖者用油打光,失掉了原有的表皮质感,仍称得上一件不错的古玉。由四条龙组成的图案刻纹精细,勾边考究,空实关系匀称,通体以优美的小卷曲纹统一为一和谐的设计。

匀称，通体以优美的小卷曲纹统一为一和谐的设计。这件东西虽然被贩卖者用油打光，失掉了原有的表皮质感，仍然称得上一件不错的古玉，是很难得的。他要了一个很低的价钱，内人还习惯地讲价，使我感到很难为情。

我由此知道古玉市场已经完全被仿品搞乱了，不能因为价钱低就认定为赝品，只是完全可靠的东西仍然不多。其实在摊子上偶尔遇到的东西，价钱已低到即使是假的也不算太贵的程度。想想看，大陆近年来新做的白玉雕刻，稍微大些，玉质好些的动辄要十万八万，买古玉反而使人感到寒酸了。话说回来了，也许由于古玉市场崩盘，我又有机会回头来玩玩古玉。

如果有这个机会，始能把我十几年前研究战国龙形设计的几种典型，把真伪抛到脑后，逐一找到收齐，也算进入老年后的一乐吧！

2008 年 1 月

辟邪与狮子之间

最近由于结识了跑单帮的古玉商人，使我看到过去几乎看不到的珍贵古玉。为了怕被伪货骗了，我把几年前买的，由大陆真正内行的作家所写的古玉鉴赏的著作，仔细地复习了一遍，觉得确有把握，再看东西，好像跑单帮还真有本事买到好东西呢！

前几天他拿了一件玉雕给我看，是一只六朝的辟邪，我就与读者们聊聊辟邪吧！

辟邪是什么玩意儿呢？可以称它为一种神兽。中国的古人喜欢通过想象力创造一些古怪的动物，满足精神上的需要，是其他文明万万赶不上的。最莫名其妙的莫过于龙了，这样一个稀奇古怪的人造动物，居然支配了中国人的灵魂几千年，到今天还自称龙的传人，实在不可思议！凤是另一个怪物，究竟为什么发明这么一种神鸟，后来又居然与龙配成一对，正式成为皇后的象征！老实说，我每想到这种发自原始时代高贵的想象，发展到后来沦落到民俗之中，居然又堂而皇之地为统治阶级所利用，就觉得中国文明在本质上是很粗浅幼稚的。

这一切与中国没有正式的宗教有关。因为没有宗教，文化就失掉了主心，对于超自然的力量只有用胡思乱想来解决。原始中国人发现了恐龙的骨头化石，就点燃起想象力，自新石器时代就用各种方式来描述龙的形式，从而发明了各种具有神力的动物，连庄子这种读书人都相信有一种大鹏，展翼蔽天，一飞万里呢！

辟邪是怎么来的？我查不到可靠的资料，可是顾名思义与"邪"有关。人类文明的早期，对不可理解的事情，特别是不幸的事，如病痛与死亡，总疑神疑鬼，认定有一种邪灵在作怪。怎么办呢？今天的乡下人用各种方式驱魔赶鬼，经常煞有介事地做好笑的动作，有些仪式还被视为文化资产呢！古人没有那么多花样，自战国以来就发明用怪兽来吓跑邪灵的办法。我猜想一定是从养狗看家推想出来的，狗可以赶走坏人，一定有一种兽可以赶走邪魔，所差的只是想出这是一种什么兽而已！

从发掘出的汉代遗物来看，他们终于找到一种比狗凶猛的动物。在中国，最凶猛的动物应该是老虎，但是老虎太普通了，不能视为神兽。他们就用虎做样子，发明了辟邪这种东西。中国人最善于在现有动物中变换身份。另一个例子是麒麟，显然是脱胎于鹿的原型。鹿是平和、可爱的动物，所以麒麟就是吉祥的象征了。

要使一个普通动物变成神兽，一定要加些装备才能神化。龙来自大蟒，可是头上长了角，两臂多了翅膀。那么汉人怎么把辟邪装备起来呢？可能是与龙连上一点关系，显示其神性。首先是多了一只角，自额头向后。其次是下颌多了一把胡子，也是龙的特征。第三是两胁生出翅膀，最后是长岔的长尾巴，都与当时的龙相近。原来只是把一只虎变成带有龙性而已。

辟邪这种怪兽在汉代极为流行，一直流行到六朝，可知当时的中国人内心对鬼灵之恐惧。我们今天到南京一带六朝时期核心地区看到的古迹中，最特殊的文物就是石刻的硕大无比的辟邪，有些还站在高高的柱子上遥望着四野。这些辟邪的造型与我描述者无异，都是立在

· 敦煌莫高窟壁画中的狮子形象

帝王坟墓的两侧,保护邪灵不会欺压亡者。可以想象在汉代有钱人的坟墓里,小型的玉刻辟邪必然守护在身边。

今天看到的石雕辟邪,大多以老虎镇山的姿态,高高地抬着头,睁大眼睛向前看,前脚一只向前,拖着长尾巴,翅膀贴在背上。可是玉雕属于半文玩的性质,自汉到六朝近五百年间是有发展迹象的。老虎镇山式是比较早期的姿态,台北故宫博物院那只著名的赭红色辟邪就是如此,看上去生动有力。大陆陕西咸阳博物馆有一只早期的玉辟邪,则是匍地爬行的姿态,嘴巴张得很大,好像要跃起捕捉猎物,凶猛异常。这只辟邪的头部介乎虎、狗之间。可是玉辟邪到六朝就没有神气了,独角、胡须、翅膀都在,看上去却温顺得像一只猫。显然到了这个时候,辟邪在精神上有名无实,成为玩物了。我在书上看到天津博物馆有一

唐代镇墓兽

我曾买下的兽面兽,模样近似辟邪,额头上有一只角,两胁有翅膀,是唐代重要的艺术象征。问题是,镇墓兽是来自辟邪,还是狮子呢?我想,应该都有些牵连吧。

| 辟邪与狮子之间

件黄玉辟邪，嘴巴都不张开，干脆称之为瑞兽。

比较起来，我最近看到的那只六朝辟邪还真是有点汉朝凶猛味道的！这只辟邪是青玉制成，卷曲着身子，胖胖的，像一只哈巴狗，可是独角又变成一把鬃毛了，翅膀变成腰间大腿上的小翅形装饰，分岔的大尾巴仍然是商标。一个柔软的身体，那只大嘴巴倒是凶巴巴的，很典型的，鼻孔、牙齿、上下唇形成一个平面。蓦然看来，这只辟邪似已有后世狮子的味道了。

辟邪变狮子的过程，至今没有看到学者讨论过，应该是很有趣的。辟邪来自狗与虎是我的臆想，请读者们指教。到了汉代晚期，外来文化闯进来了，那就是佛教，佛教带来的一切彻底改变了本土精神生活，为中国人多了一个选择：信教。狮子是印度的猛兽，当佛教在彼邦盛行的时候，狮子逐渐成为佛陀的守护者。我相信当时人们自彼邦来到中土，看到那些墓园的大辟邪时，一定以为是狮子，只要把它们移到佛寺门前就可以了。这就是为什么后世狮子的大嘴巴与辟邪非常相像的原因。

狮子都采坐姿，完全是守门的模样，也是自六朝末年就开始了。很奇妙的，在汉代以来的古墓里开始有镇墓的观念，放了镇墓的象征物，到了六朝末，就有镇墓兽这种东西了。唐朝的三彩镇墓兽非常威武，已成为当时重要的艺术品。问题是，镇墓兽是来自辟邪呢，还是狮子呢？这就很不容易理解了。相信都有些牵连吧！

若干年前，我热衷于古物收藏的时候，买过两个唐代的镇墓兽。当时大陆门禁初开，古物难得，价位颇高，有些古物要自日本来。可是镇墓之物颇犯中国人之忌，只有我这种傻子才会买。唐代的陶制镇墓兽，在墓中是左右各放一只，有不同的造型，其中一只是人面兽身，有点近似古代埃及的狮身人面像。是何来源，是否有中东文化的影响，是另一个值得深究的问题。另外一只则是兽面兽身,与辟邪有些近似。由于其功能是连续的,不能不使我推想镇墓兽是后代的辟邪。

我所买的两只兽,一只三彩的是人面,另一只陶土加彩的是兽面,各有特色。我选的人面兽是很温和又美观的,兽面兽则完全是张牙而吼的狮子模样了。这只镇墓兽我称它为辟邪,因为额头有一只角,两胁有翅膀,角与翅膀都有损伤,但我不是生意人,未考虑市场价值。

唐人的写实能力很强,镇墓兽也好,石狮子也好,原则上都是很生动的,身体弯曲有力,前腿直立蹲坐,一副守卫的架势,用怒吼来赶走心中的恶魔,这大概就是明清以后,官衙、贵族大门外亦竖一对狮子的缘故。今天连台北市政府大门前还摆着一对呢,那是从北京皇宫普遍仿造的一种,看多了,就觉得很俗了。

玉质的辟邪自六朝渐变成玩物后,凶猛的动物摇身变为可爱的动物,可以放在手上把玩,或放在书桌上当纸镇,等于哈巴狗一样的玩物化了。大约十年前,我去苏杭一带旅行,在一家官营文物店里买到一只小型的辟邪,当时未深究其年代,只觉得它可爱,官营店里应该不会是伪货,也许年代并不久远。这件东西至今在我案头,仍不知其年代。但是它的头上有两只角,与六朝前的古物是不同的。其他特征一应俱全,只是打磨不够光亮。这件小东西握在手心,老人家为保持手指触摸的敏感度而不断盘弄,倒不失为有用的玩物。掂它的重量,应该是和阗玉,但色泽近乎姜糖,温润而略有深浅不匀的现象。这种东西是一般收藏家所不屑一顾的。可是我每看到它,就想起它两千多年的系谱来了。

2008 年 12 月

若集滅道智与无
智无以智而无故菩

辑四

书法的生活化

书画与碑拓

中国古代的读书人，如果行有余力，大多以收藏为乐。而他们收藏的主要目标不是古物，而是古书画。这是理所当然的。读书人都是文人，文人无不以书、画为生活中最亲切的艺术。诗文还可经世致用，书、画完全是为了情性的修养。因此古代名家的书画是他们最重视，也是最珍贵、最宝爱的东西。

也正因为如此，古字画占有收藏品的大宗。稍有点家当的读书人，总有些古字画，而且常是名人的字画，平日宝爱不肯轻易示人，并被视为传家之宝。当然了，遇到战乱，字画也比较容易携带，必要时还可以换点钱充饥。在官场上，古字画是最讨人喜欢的礼物，因为做高官的读书人，多少都对收受贿赂感到难以心安，但接受文雅的礼物是不被视为贿赂的贿赂。对于结交权贵，甚至讨好帝王，这是最佳的利器。

想想看，这样的东西在传统的社会里会衍生什么现象呢？由于古画在士大夫阶级中有那么大的需要量，买卖字画的商店就大发利市，而且可以结交官宦、名士了。有商人插足其间，自然花样百出，把书、画市场搞得昏天黑地。读书人被搅在里面，实在非常可怜。好像一个庞大的烂泥坑，传统社会的知识分子的精神都耗掉了。

何来的烂泥坑？就是作假。我们不妨这样说，目前世上所传的古代名人的书画，如果是明代以前的，大多数是假的，除了少数几幅被再三认定的一等名画之外。大家还记得去年纽约大都会博物馆买了几张宋元的名画，是当年大鉴赏家王己千的收藏，可是公布之后，引起轩然大波，因为有些艺术史家认为那是张大千的仿品。这种笔墨官司永远打不完，因为永无定论。我的朋友徐小虎教授把台北故宫藏画中郭熙的名作《早春图》断为明代的伪作，被美国的中国专家视为异端，但是她斩钉截铁地说明论证无可置疑。

这是多可怕的事，有这种可能吗？上千年来书画的艺术受到读书人如此的尊重，他们几乎不自觉地把一生的闲暇花在上面。写字、画画是每个人的艺业，在过去，哪个时代不是书画家到处可见？每位读书人都是程度不同的书法家，水准不同的水墨画家。有些特别有天才的书、画家，如张大千之流，习书画时以古人作品为摹本，久而久之，写的、画的几可乱真，乃稀松平常的事。有这种本事常为世人所赞美呢！所以在那个时代，人人都可摹仿古人的作品而不为作伪，除非在题款的时候写上古人的名字。想想看，张大千作了那么多伪古画，只有人称赞，有多少人责备他呢？

文人作假画，先是练习或学习，后来是好玩，再进一步就是欺骗了。这时候，商人发挥威力了。如果长于作伪画的人为画商所利用，就非常热闹了。因为商人为了骗钱可以编造故事，把伪画说成真画。只要作伪的人不说话，过了几年就真假莫辨了，何况过几代呢？这样作伪的事无时无刻不在发生，商人从中取利，市上伪画充斥，又没有辨伪的技术与能力，几百年后会成什么局面，就不言而喻了。

假的字画成为传统中国的一种特殊文化产物，固然有前文所说的生态，还有另外的因素，那就是中国人爱面子的文化。后世的中国社会实际上是鼓励伪作；中国人以悠久历史自认，但对历史史实的考据从来不讲究，喜欢随意编造故事，扑风捉影，自欺欺人，后人却深信不疑。历史上赫赫有名的赤壁都会闹双包，梁山伯与祝英台的故事有好几个故乡。我们是一个把故事当历史的民族，因此托古人之名写字、画画，简直算不上什么欺骗，有些人还喜欢挂一些假的名人字画。有时明知是近人的伪作，还要求题上古人的名款，以装门面。其心态与贵妇人戴伪宝石一样。

这当然是因为大部分人，包括读书人，不能辨别真假的缘故。在过去，中国人实在没有这种学问或头脑去辨别古字画的真伪。他们能看的只是字、画的品质，也就是作画、写字者的本事，如果这位作伪者有一流的书画技巧，实无人能辨别其作品为伪。在过去比今天要困难太多了。当时没有完整的印谱，没有流通画册，几乎没有见过宫廷的收藏，不看书法与绘画技巧看什么？在那种情形下，不被骗几乎是不可能的。

我曾写过文章，对于古人沉迷于古物、收藏，又真伪莫辨的情形感到莫大的同情。其实他们并不值得同情，因为他们以此为乐。正因为乐之不疲，在清末革命团体成立时，为互相勉励才悬以为戒。它腐蚀人心的力量可能仅次于鸦片烟。古物中包括古字画，而古字画的吸引力才是最严重的，因为人人都是半个专家。

也许是因为这样的背景，我以收藏打发时间的前十年，完全没有想到要收字画，我把字画视为中国文化的祸害。在年轻的岁月，因学建筑而对西洋的现代艺术有些欣赏能力。在当时也认识了几位年轻画家朋友，他们都是现代画家，对传统的国画视为落伍的象征，只知道摹仿，不知道创造，几乎千篇一律。诚然，除了少数几位名家作品外，明清近五百年的历史，几乎只画了一二张画而已！这样的东西看上去都惹人讨厌，遑论收藏！所以那时我家里挂的是庄喆与刘国松的抽象水墨，或自外国的设计用品店里买来的挂布。

我怎么开始对字画发生兴趣的呢？

先是对碑拓发生兴趣。我原本对欧洲教堂里的铜版拓画很着迷，因为其历史与文化的内涵。1974年第二次欧游归来，我家里开始挂出了黑色英国武士的拓本，后来去了中兴大学任教，买了一户小型公寓，客厅的正面墙壁挂了一张木版拓片，是自台南孔庙买来的朱熹写的大字。我知道这类拓片是日本人留下来的。后来我看日本的古装电视剧，曾不止一次看到以这张拓片为背景。可见它虽是中国人写的字，却是日本文化。书法的拓本是中国人的发明，但中国人从来不悬挂拓片，也许因为拓片是黑、白两色，不太吉利的缘故吧！

有一年，先岳父萧铮先生家里，因修房子把他堆在书房一角的一些杂物清理出来，其中有一包拓片，要我清点一下。他们家里挂的是近人的字画，老先生对字画的拓片没有兴趣，所以自从到手以后就没有整理过，他表示，如果有用，我们可以拿走。

那是一些他老人家年轻时在各地游历所收到的当地碑刻的拓片。那个时代，古迹不受保护，碑刻或摩崖石刻都成为当地商人的生财用具，拓了卖给风雅的游客。在这批东西中最大的一件，也是被认为最没有用的，是唐玄宗写的《纪泰山铭》。这个摩崖碑在泰山的绝顶，刻于开元十四年，碑身七八米高，拓本只有文字部分就有五米以上，所以拓本有四大张，因为是摩崖，尺寸又大，所以这些拓本拿在手上只见斑斑驳驳的墨迹。这种古朴的趣味，不合一般文人的口味，却是我非常喜欢的东西。

・唐玄宗《纪泰山铭》额题拓片

我抱回家去，摊在客厅的地上，就被其气势所感动。近看斑驳，三米之外就可清楚地看出文意了。我的书法鉴赏力有限，对唐玄宗的隶书并不特别欣赏，但想到它是8世纪盛唐的刻石就很兴奋，立刻决定把它裱起来挂在家里。第一步是把客厅墙壁原来挂的外国武士拓本移走，清理墙边的家具，空出整面墙，先挂出四分之一，也就是一大张出来。自此之后的十年间，我家的气氛就笼罩在这张拓本之下，当时来访的很多朋友都看到这张唐隶拓片，话题总是绕着它转。

我原希望有一天我可以住到比较高大的屋子里，或在某公共空间有一高大墙壁，使我可以把这幅拓本全面呈现出来，可惜一直没有机会。1995年先妻去世后，家里重新装修，就把它取下来，改做书架。转眼八九年过去了，这包拓片不知又被我堆到哪里去了。

三年前，几位友人一起到山东旅游，不用说，泰山是重要的一站。我到曲阜孔庙中找古碑，因时间匆促，居然没有找到，非常失望，上到泰山，无论如何要找到这座纪泰山铭。还好，这里虽在整修环境，我们到了绝顶上终于看到了这座摩崖，只是已与后代的刻石混在一起，不很凸显了。

有一件事我知道，想再得同样一张拓本恐怕千难万难了。这些碑刻都填了红彩，便于观光客欣赏，从无再拓的可能。想起我家里不知被丢在何处的这套拓片，应该已有七十年的历史，也可以算是古物了，当时打算回台后即找出来，重新整理，可是俗事缠身，一搁又是几年。然而，话说回来了，即使我把它找出来，又要怎么处理呢？我的住处还是挂不出来呀！

2004年3月

半副对联

几年前，我在《书画与碑拓》一文中叙述了我对古书画收藏的看法，却没有提到我个人的收藏经验。其实这段经验回想起来，也足以令人喷饭。

我在《书画与碑拓》一文中提到，原本看不起书画收藏，一方面因为古书画早已成为中国文人的游戏，人人伪作，因此真伪混糅，甚难分辨，实在不愿意蹚这种浑水。另方面中国的书画艺术，传承模仿为主，千篇一律，看了使人生厌。然则我为什么居然收起书画来了呢？

在我担任自然科学博物馆馆长的那段日子，与何怀硕、董阳孜夫妇过往甚密。我们交往的方式是常去他们家聊天、吃饭。何的画、董的字我都欣赏，因为在我的眼里，他们是出于传统的现代艺术家。可贵的是，他们也很欣赏古物，我们可以一起逛街。我们都是对美的东西感兴趣，又喜欢谈论时政的人，所以聊起来很投机。

怀硕精于书画鉴赏，常拿出他的收藏来向我示威，嘴里还说，我也应该收藏书画。他们收的大多是近代或当代书画家的作品，都很精，看了多次，我也心痒起来了。这是因为我发现，自清代乾嘉以来，书法家在革命了，民国以后，画家就有新意，从书画的艺术面看，19世纪以后的作品远胜过过去几百年的作品呢！

我考虑再三，就决定借重他们的眼力，开始收藏书画。方法是请他们帮我留意，我想怀硕常常应邀到各书画商处帮忙看画，可以看到很多佳作，推荐我收藏。他有一次到我家，看到我墙上挂着黑乌乌的碑拓，很不以为然。我就说，那就先从可以把碑拓换下来的中堂开始收起吧！他慨然允诺。

哪知等了一年，没有一点消息。直到有一天，他在客厅摆出一副于右任的对联，问我有没有兴趣。市上于右任的对联很多，怀硕有一次还拿出几幅来考我的眼力。那天我看了这副对联，觉得不错，就说可以。他坦白地告诉我，他也很喜欢，只因这对联是用木框装好的，不易收藏，就让给我了。我才恍然大悟，知道通过他收藏是办不到的。他是好朋友，但他也收藏，而且他有财力，哪里有收藏家看到好东西让给别人的道理？他才是真正的收藏家，我只是玩票的！想到这里，就千谢万谢地把于右任那副对联带回家了，至今还挂在富锦街的家里。

我反省，自己不是收藏家，因为我没有那种非买到不可的心情，反而很敬佩真正的收藏家，君子不夺人所好，就决定不再靠他了。可是我对书画，尚谈不上入门，要收藏非经过缴学费的那一步不可，岂不痛苦？没办法，我们开始自己逛书画店了！也就是这个原因，我们与何家就不再每周见面，慢慢疏远了。今天回想起来，恍如隔世，谁想到我们两家都遭遇遽变呢？

在当时，我们的品味慢慢被近代书画家吸引，开始喜欢有笔墨趣味的国画。如何迈出第一步？其实说难也不难。我在社会上已小有名气，到书画店总受到客气的接待。人家还以为我很内行呢！真糟糕，我虽表现得谦虚，也得装出并不太外行的样子。现在想想实在好笑！老板不免将计就计，奉承我几句，套住我，拖我下手。

老实说，我懂的实在有限，但是我有西洋画与现代绘画的素养，不免用西方的眼光来判断。我们找了知名的画廊，在被奉承的气氛中，下手就买了齐白石与张大千！今天回想起来，是在与自己赌气呢，还是被奉承得迷糊了？当时高高兴兴地拿回家，挂在台中的家里，来访的客人都投以欣羡的眼光。几年之后，我的眼力进步了，才知道光靠西方艺术的判断原则是不成的，中国画有另一套道理，是与市场价值连在一起的。

后来我遇上一位投缘的书画店老板，他为人义气，个性爽朗，而且用功读书，对近代书画了解很多。我与他交上朋友，时常到他的店里消磨时间，逐渐把周末的闲暇花在书画上，对于这种文人的游戏渐渐入门，可以按照自己的爱好收藏一些东西。有一阵子，我把周末逛画廊的习惯都放弃了，宁可到他店里欣赏、讨论他新进的货品。

可是人免不了偏好，我的审美原则是从建筑上转过来的，所以仍然有现代西画的判断标准，因此无法在书画收藏上投资，或作有系统的收藏。对于传统文人的爱好，仍然觉得很俗气、很难接受，比如有人专门收藏对联。过去的中国家庭，在客厅的正面挂一幅大画或书法，称为"中堂"，两边少不了放一副对联相配，这种安排的方法看多了就觉得俗。这样的对联，内容大多歌颂主人的德行、修养，搬弄一些古文人的字句，初看觉得雅，看多了就没有新鲜感。除了诗文与书法都有创意的少数作者外，我并不觉得有收藏的价值。

还有一个问题，就是与现代生活的关系。今天我们的家里已经没有大客厅中供桌上的对称布局了。对联要怎么悬挂，才能配合我们的居家环境呢？以我自何怀硕处收来的于右任那副对联来说吧，只好两幅拼在一起挂，把它当成中堂。还好，这副对联的文意脱俗，并不一定当对联看。而大部分对联都不能免俗。

不幸的是,中国人太喜欢对联了,近代书法家所留下来的也以对联为多。我虽喜欢中堂,但见到的作品不多,见到的价钱也不免偏高,所以还是勉强买了副对联。举例说吧,金农的书法很抢手,他的中堂作品不大,但抢不到,价钱高,退而求其次,只好收一副对联。我并不喜欢,所以从来没有挂出来欣赏过。

对于清朝乾嘉以后的书法家,我特别喜欢伊秉绶的作品。他的用笔气派大,有秩序感,而富于创意。可惜的是流传的作品很少,在市场上几乎看不到,相信是因为当年不为流俗所喜的缘故。我这位老板朋友知道我喜欢比较特殊的东西,有一天,他拿出一幅长条来,是伊秉绶的对联的下联,问我有没有兴趣。

半副对联通常是没有人要的。它被视为残缺品,而且是严重残缺,在中国人眼里永远挂不出来。但怎么可能只保存一半呢?原来台湾有些古董、字画是来自日本,日本的旧文人崇拜中国,喜欢中国文物。他们的客厅里有一个神龛似的空间,通常挂一张长条字、画。他们收到中国名家的对联,无处可挂,通常只挂半副,也就是下联。为什么是下联?因为对联上的题字,上联是写主人的名字,下联才是书法家的落款与印章,对日本收藏家来说,上联有别人的名号,挂出来煞风景,有下联就很完整了。可是一副对联分开之后,遇有事变,就会散失。到书画市场上,下联勉强拿得出来,只有上联就无人问津了。

话说回头,我对那张伊秉绶的半联是有兴趣的。价钱贵了些,还是买了,文字是"琴调月万家"。我觉得不错,因为文意有李太白的气度与胸襟。想不出上联是什么,可是越不容易想到上联,越使这下联有其独立个性。我曾在客厅的一角悬挂了几年,每坐在沙发上就对着

伊秉绶的对联的下联

半副对联虽然通常没有人愿意收藏,但这半副对联的文意有李太白的气度和胸襟。

它发呆，应该值回票价了。在那几年，我开始在闲暇时写字。我喜欢写汉碑，可是受伊秉绶的半副影响，甚至找到他的书法集子，想学学他用笔的精神。

我的朋友看我傻傻的居然喜欢半副对联，后来又拿了半副回来，眯着眼睛看我的反应。这半副也是下联，下面落款是陈鸿寿。这位先生是乾隆后期的名家，他的字并不是我所喜欢的一类，对我而言太轻巧了些，可是看其文字是六个字，"避焰自安渔人"，虽无磅礴的气势，却有一股逸气。在今天这样紊乱的时代，我也许应该学学古人吧！想到这里，就买回来，挂在书房的一角。恍然十多年了，这个半副竟是与我相伴最久的对联了。

其实我并不那么喜欢半副，只因没有看到买得起的中堂，这与我收藏有缺陷的陶瓷器的意思是相同的。我的朋友也许有些误解，以为我对半副情有独钟，后来又拿了一张给我看，记不得是哪位名家的作品了。我看了，没有感到任何兴趣。他以为我会买，我不要，他又找不到另外喜欢半副的傻瓜，一时不知如何是好。好在他很聪明，那个半副比较窄长，而且是八个字，显然不是来自日本，可能是"文革"时被残害的剩余。这位朋友发现八个字可以截为两段，文意仍说得过去，就把它裱成一个小对联。我说，这不是破坏古物吗？他哈哈大笑，对我说，你不要，我只好改装才能卖得出去啊！是呀，谁像我这样傻，居然会买半副呢？

2006 年 1 月

书法的生活化

书法的艺术其实是人类爱美的天性的自然流露，与文字的形式、书写的方式并不相干。中国的文字，自刻出来的甲骨文，到硬笔写出的篆书，其美感是有目共睹的。自从使用有弹性的毛笔蘸墨水书写，中国的书法实际上就是熟练地使用毛笔的艺术。但我们不能过分强调其艺术面，因为书法只是传达信息的副产品。一种工具运用成熟后，熟能生巧，巧而能妙，遂产生美感。所以自隶到楷到行草，各擅胜场，实在没有孰高孰低的问题。

硬笔对于教育普及的贡献

不同的书写工具与方式，都可以产生优美的书法。自中国书法看，毛笔发明后，笔的硬度逐渐降低，演变到后期柔软度高的羊毫，每个时代都产生了令后世模仿的书法大家。自世界的书写文明来看，各民族发展出不同的文字，使用不同的书写工具，却都有美观的书法艺术。书法者，写字的方法也。西方中世纪的书写《圣经》，被视为书法艺术的典范。他们用的是鹅毛笔，是有弹性的硬笔。发展到后来的钢笔，书法一直是学校的重要课程，因为学生必须掌握这种必要的工具。即使我们几乎不认识的文字,其书法艺术何尝不是如此?伊斯兰文的书法之美,我们曾在世界宗教博物馆展览过一次,书法家流畅地使用木板书写的技巧也令观众叹为观止呢!

从这个观点看,这种沟通的工具不论怎么改变,都可以成为艺术,只要文字需要用手书写一天,情形是不会改变的。我们不必担心文字的演变不当。文字学家也许认为自正体字变为简体字是不当的,我看有些俗字也看不惯,但它不会影响书法艺术的存在。在现代化开始的民国初年,由于钢笔逐渐代替毛笔,传统的维护者感叹书法的沦失,其实也是过虑的,如果毛笔真的消失了,中国文字会产生硬笔的书法,几乎是没有疑义的。

记得我在念中学的时候,喜欢读一本教孩子写文章的书,书名是《文心》,其中有一篇就讲到用钢笔写字,认为写钢笔字照样可以写得好,只是要想写得美就要讲究书法。如果我们真丢掉毛笔,一种新式的书法就会出现。可是自民国初年至今,快一个世纪了,我们并没有丢掉毛笔,我们只是为了使用上的方便在生活中排除了毛笔。自书写的方便与效率来说,西式的硬笔比毛笔要好得多了,所以受中国影响的毛笔文化圈几乎都举手投降,在生活上投入钢笔的怀抱。

我们不能不承认,改用硬笔,对于教育的普及有很大的贡献,现代的生活无处可脱离文字,随时都要写字,这种改变也是大势所趋,没有唉声叹气的必要。自开始在小学教育上使用硬笔写字后,我们并没有完全放弃传统。我小的时候,在大陆的乡下读书,读的是国字课本,用铅笔学写字,但同时要学毛笔字,写欧阳询的帖。这种保存传统的方法,一直到不久前才完全放弃。这与白话文运动成功之后,文言文是中学生所必读的意思是近似的。近来"教育部"打算减少文言文的分量,引起文学界的反对,其保存传统文化的意义也非常近似。

生活中的书法艺术

前文说过,只要我们用手写字,生活中的书法艺术就会演化而生存下去,所以书法艺术的真正敌人是使我们放弃用手的机器。在西方,这个机器就是打字机。有了这个机器,西方人就不写字了,改用手指去弹。

用打字机,使得西方人不需要写得一手好字,仍然予人良好的印象,在打字机前人人平等,没有巧手笨手的问题了,只有打得快慢的问题。打字快的人当打字员,为打得慢的人服务,大家只要学着签个好看的名字就可以了。所以西方人不是不再学写字,而是不再在意书写之美,用手写字不过写个便条,只要使人看懂就可以了。

在我年轻的时候学着打字,用一部公家退休的英文打字机练习,一面学,一面想,中国字没有字母化实在太好了,我们没有办法用打字机,只好保持传统,人人都要写一手拿得出去的字,因此书法艺术会继续存在,代表着中国文化的精神。当时的中文打字机太庞大,太难打了,只有训练有素的打字员才打得来。

可是曾几何时,电脑时代来临了。人类指挥电脑非打字不可。三十年前,没有中文电脑,中国人不会英语就被排除在新时代之外,因此来自中国的电脑专家研究的第一件事就是把中文纳入电脑之中,也就是中文电话化。这时候,各种输入的方式陆续出笼了,看到今天的年轻人双手飞快地在键盘上跳动,回想60年代末,聆听电脑专家讨论中文电脑化困局的往事,恍同隔世!中国人终于顺利地进入电脑世界了。

这等于宣布了书法生活化的死刑。中文与西方拼音文字一样都不必用手书写了。年轻人不但不需要用毛笔,也不再需要用硬笔。记得有一位西方历史学者认为中国之所以在科学上落后,是因为没有发展出拼音文字之故。根据这种逻辑,目前的中国文字已可直接打入电脑,其效率与输入拼音文字无异,中国的学术发展在未来世纪中与西方分庭抗礼应该是可以预期的了。

目前在文字上的阻力只剩下像我这样年纪的老人了。我们的手已经习惯了爬格子,要我们的手改用键盘写稿,直接打出整齐的文字,省下编辑与校对的工作,已经不可能了。所以这几年来,写成篇拙文,麻烦老编诸友做些落伍的稿件处理,实在很不好意思。可是话说回来了,如果连我们也上键盘了,谁还会用手写字呢?

顺着我的思路可知,今天的孩子,未来的主人翁一定完全放弃书写之美。他们在学校里没有学过,长大成人,除了签名,用不到写字,怎知何为书法,为何要书法?怎么办呢?难道没有办法恢复生活中的书法艺术了吗?

写毛笔字消遣

这样的书法艺术不会消失,即使中小学不教,才艺班会教,艺术中学与大学中会教;生活中的书法就靠不住了。要想保住这个几千年的传统,中小学一定要教。进步的人士以为时代变了,书法已经没有用了,而且孩子们学着用毛笔涂鸦,与未来的生活无补,学它何用?我要奉劝教育界的先进,孩子们学着用蜡笔涂鸦又有何用?学着涂毛笔字,不但有美育的意义,还有无形中维护传统的价值!

试想近年来为什么书法艺术又有复兴的迹象？因为五六十岁的人，到了知天命的年纪，书法是打发时间最理想的方法。这也是生活，只是并非为谋生而已！世界上还有另外一种这样文雅的休闲生活方式吗？可是为什么有此可能呢？只因为在我们的幼年曾学着写毛笔字，知道一些基本的笔法。老来重新拾笔是很容易的，想想看，今天退休的公务员，六十几岁，身体健康，含饴弄孙之余，写毛笔字消遣不是很自然的吗？

我重拾毛笔是在六十岁之前，登琨艳初去上海闯天下，发现大陆的廉价笔、墨与纸张。他回台时带来一批给我，要我消遣老境。其实在当时我仍是科博馆馆长，正忙着筹划台南艺术学院，却因为有了这些消耗品，开始以研究书法来打发闲暇的时间。因为我收藏一点近代的字画，所以就在清末名家的作品中寻找典范，也就是设法找到合自己胃口的字体来摹仿。由于是消遣，心里没有负担，所以很快就沉迷其中了。

因为我的纸、笔资源充沛，开始就写大字，而不是写小字练功夫。这使我发现了书法在生活化上有特殊的意义，那就是可以装裱作为居家装饰。收藏古人的书法，其目的就是挂在客厅里，可以视为艺术品，也可以视为诗文情趣的延长。于右任先生每天早上写字，使得有一阵子，有头有脸的人家客厅里无不挂着于右老的草书。据说他不问认不认识，只要带纸来，附上姓名，他就会在练字时大笔一挥。所以喜欢他的字的人，都设法找门路认识他的秘书。

问题是挂名人的书法是理所当然，自己的书法初学乍练，自然谈不上精彩，要可供欣赏谈何容易？如果写了大字又没有挂出来的机会，是不是太煞风景？这样一来，书法的生活化岂不是做到一半？

书法是有感情的

诚然,我刚开始恢复写字时,绝没有想到要裱装向墙上挂,不只是写得不够满意,而是压根儿没向这上面想。因此我每天练字,只是便宜了字纸篓!其中还可以看的,就留几张起来,准备以后如果真成了气候,也可以供自己回顾。哪知道有一天,一位好友居然向我讨一幅字,我的回答很直接:目前我正在涂鸦期,等自认成家了再送。他很坚持地说:字,不只是好坏的问题,是看谁写。

这句话把我点通了。

怪不得我到朋友家里常常看到的不是名人书法,而是看上去并不特别精彩的作品!原来书法是有感情的。我们会挑某人的字,是因为想看到他的字,不一定为了书法艺术上的成就,还因为见字如见其人。情人眼里出西施;看朋友的字感到特别亲切、特别美。即使是书法家的字,也是求来的比较美,因为背后有个故事,有值得怀念的点点滴滴。试想有多少人花得起大价钱买一流名家的作品?一般书法家的字哪里会让人有想购买并挂在家的动机?

了解了这一点,凡是有人看到我的字,诚心向我讨取,我经过推辞而不获,就不客气地送人了。我虽知道自己写的字时有败笔,无法与名家的作品相比,但在家里挂出来没有必要脸红,反而觉得比较合适些。我相信凡是以书法为消遣的人都应该把自己的作品裱装,挂在家里,而且不时更换。这才是最接近生活的艺术呢!

如果我们的中、小学不再学习书法,是否还能指望书法生活化的复兴呢?这确实是很困难的。现在大家不是在广泛使用电脑字了吗?我一直不相信会到这般天地。近来我认为,即使没有中小学书法,毛笔的文化或许也不会完全消失，只是过去书法艺术的传统可能为涂鸦式写法所取代。最近几年，我常看到一些广告类的文字，用传统的标准衡量，是很拙劣的毛笔字。然而大家似乎不见怪。当然了，时代已从传统进步到现代，又从现代发展到后现代，美感的价值观也应该改变了。中国人的书法传统，自汉代起算，至少已两千余年，现代主义来临，只是使书法的造型改以印刷体为主而已。在大陆，有一度除了毛泽东体外，市街所见，普遍地使用印刷体，可以视为现代精神之代表。政治上开放之后，大陆就步台湾的后尘，广告上又开始使用毛笔字了，而且还特别喜欢用名人的毛笔字。

个人风格

后现代的中国书法早年应该是日本的现代书法，相当彻底地改变了传统美感观念，走上构图主义。其特色是把笔墨的感觉丢掉。如果把此一路线改变为个人风格与儿童式稚拙，应该就是后现代风了。

说到这里，我们要调整观念，不要再谈碑、帖，不要再提晋、唐，只提个人风格就可以了。因此怎样是好的书法、怎样是拙劣的书法，已经没有标准了。这一现象代表什么意思呢？这是说你并不一定是书法家才可以公开你的书法，你不一定要练过书法才可以振笔直书，你只要有写毛笔字的意愿就可以了。人人都有用毛笔创造自己书法的自由。丢弃了传统的规范，未来派的书法其实更可以生活化了。人人可以为书法家岂不更好！谁都有涂鸦的权利。

我甚至觉得电脑的技术也许有一天会融入个人风格。今天的电脑传送的文字仍然是现代主义风格的印刷体，即使出点花样也不过使用字型软件公司所提供的字体，不脱通用的范畴。如果电脑的技术发达到一种程度，每人输入的文字带有自己的风格，并不是天方夜谭。如果我可以用电脑传送一封信给我的朋友，他收到时不是一封打字的信，而是我亲手所写，感觉会完全不同。今天的电脑输入法早已可以辨认手写体了，把书写的字体通过电脑传过去应该不会很困难吧！

　　书法的生活化仍然是可以期待的。

2006 年 5 月

自由挥洒的草书

面对中国几千年的文字史,今天的我们在书法中寻找乐趣时,有多种选择。经过学者的研究,最早的甲骨文已经是一个选项了,篆、隶、真、行、草,随我们的喜好选取,资源实在很丰富。这些字体各有特色,并没有好坏之分。古人为了辨识的功能,在生活中放弃了古雅、美丽的篆书。那时候他们尚不知有甲骨文,对篆文也认识不多;那都是已经死亡的文字。草书流畅,便于书写,极具造型与笔墨之美,但也许是太先进了,不易辨识,所以在生活中也很少使用。直到近代,篆书与草书是只有艺术家才写的两种字体。写,只为好看,只有装饰的功能。

书法作为一种艺术,能否辨识并不重要。但作为一种生活艺术,辨识就是一种基本条件了。

其实文字是一种沟通的工具,它的可辨识性与艺术性并没有必然的矛盾,只是应用艺术之美与纯艺术之美的差异,在本质上并无不同。一只用来饮茶的杯子可以同时是一件艺术品,我们称之为应用艺术。现代有些前卫的陶艺家,以茶杯为主题,创作了不易使用的作品,只能观赏,不能饮茶,就是纯艺术了。两者之间并没有何者高级的问题,可是一般人总觉得艺术比较高贵,涉及使用就工具化,也就平凡了。可以确定的一点是,应用艺术也可以融入生活,纯艺术则只能供摆设之用。自生活美化的观点看,应用艺术是不容忽视的。

基于这些理由,中国文字艺术的生活化与字体无关,真草隶篆中,自然以真、隶、行书容易被接受。所以过年时贴对联,一般都用楷书或行书。这两种字体被大家广泛使用,反而失掉了它的艺术性。并不是容易辨认的字体不够艺术或没有艺术性,而是因为看惯了标准化的字型,个人的风格与艺术性比较容易被轻忽,很难引起大家注目。反而是不易辨识的字体,大家因好奇心的驱使,引发特别去欣赏的兴趣。

话说回头,草书作为中国文字中重要的字体,没有被国人所普遍接受而生活化,确实是很可惜的。世上各国的文字至少都有正式的标准字体与方便书写的字体。后者几乎都是与书写工具相配合的。当草书产生的时候,因为隶书的架构太规矩了,不方便在生活中使用,才很自然地发明了毛笔书写流畅的字体。

这个时候政府权力应该介入才对。民间感觉到有此需要,由他们私下创造字体,很难大量流通,成为一种主要的沟通工具。只有公权力才能使文字字体系统化、符号化,进而通过教育体系,成为全民共有的资产。日本在向中国学习的时候,先用中国字的偏旁创造了拼音符号片假名,后来又因便于书写,创造了行草式的平假名,都是借助于政府的支持而普及化的。由于汉朝的统治者没有支持草书,这种有无限可能性的字体就流落在民间,为少数读书人所利用。即使如此,大势所趋,草书还是迅速发展。自今天留传下来的王羲之父子的草书信函看,至少在东晋,草书在士大夫间似乎已有相当的共识。有些简化的符号如果没有相当程度的流通,是不可能用在书信上的。

可是草书的自由书写实在太诱人了。这些读书人一方面要建立共识,一方面要自由挥洒,因此才无法大量传播。这种自由发展过分了,就出现于右任先生所说的"作者自赏，观者蒙然"的情形，作者表现的艺术绰绰有余，但不得不与社会大众彻底分家。

在书法史上确有些书法家努力过，希望能把草书标准化，成为大众通用的字体。南朝的僧人智永与唐代的书家孙过庭都整理了当时流行的草书，集为千字文，可是都没有成功。相反的，大家都对张旭与怀素的狂草热烈地崇拜，并支配了自唐至明八百多年的书艺。据说宋徽宗也曾著过草书千字文，说明做皇帝的他已感到草书有标准化的必要。照理说，在上者提倡，民间应响应才是，然而他的主张显然也没有得到回响。这实在是因为草书到了狂草，已经积重难返，无法回归系统性书写了。在野的文人情绪在书法上求发泄，狂草实在是一个良好的出口，何况其产品受到大家的喝彩呢！直到今天，在古书画的市场上，狂草的价位远高过易辨识的楷书、行书之上。

老实说，隶、楷、行书字体都可以达到高度的艺术境界。清代中叶以后，书法界出现了几个怪人，如金农与郑板桥，写的虽是我们认识的字体，但却都有高超的表现，使今天的收藏家求之而不得。他们的作品有创意，有美感，又不失其用，才是最理想的文字的艺术。他们的传统影响了近现代的书法家，只是后代作品达不到他们的水准而已。

既然如此，为什么大家还是非草书不爱呢？因为越是生活中平凡的东西，其美感越不容易被赏识。一般人对美感缺乏素养，不能自平凡中见伟大，看不到茶杯的美，一定要不常见的东西才注意到。所以见到不能辨认的草书，笔墨龙飞凤舞，即使在行家眼里不太高明的作品，也会得到他们的赞赏，被说为艺术品。

草书被说为方外人士笔下超然物外的逸品，宋代以后就没有人动脑筋去整理它了。直到民国以后，于右任先生基于文字功用的原则，

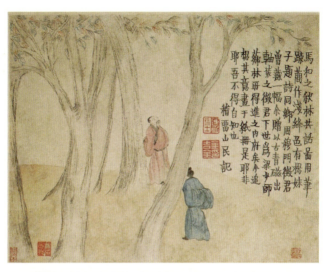

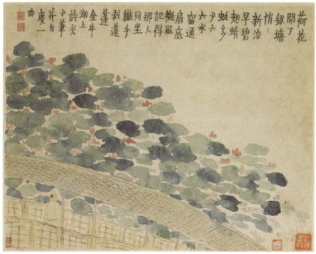

·（清）金农　山水人物图册（部分）　北京故宫博物院藏

绘画、诗文与书法相得益彰。

认为中国为求进步,需要一种便于书写的字体,才以救国救民之心,进行草书的整理工作。他与一群追随者努力了几十年,又身体力行,以普及草书为己任,虽在政府中以党国元老身份担任重要职务,却无法达成目标,使他的标准草书成为中国文字史上可能是最后一次草书系统化的努力!坦白说,于右老的失败固然因为没有教育界的协力推动,但他们所整理的系统乃沿用古来的习惯写法,因此缺乏与楷书的关联性,是失败的主因。古人草书的写法常是名家随笔为之,既无文字学的依据,又无逻辑可循,只是前人的写法,后人视为范式,不可更易。要改革而不能破除积习,就走到死胡同去了。

草书不过是便于毛笔连续快捷书写而已。今草来自楷书,就应把楷书各种构件简化,系统化原不难达成,若舍不得古代名家范式是走不出来的。在于右老师徒们整理的符号中,同一个代表符号,可以有二三个到七八个楷书的意指,岂不搞得一团混乱?还谈什么系统!比如楷书中走、夫、立、火、去等偏旁都是一个符号,如何辨识?其结果是,习草书的人几乎无法自楷书推演出草书的写法,只有逐字硬记。除了花大工夫学草书的人,谁能轻易掌握草书的正确写法?何况自王羲之以来创造了很多特别的字形,如叔、卿等草写,一直沿用至今呢!

于右老的标准草书整理了草书史,没有真正的标准化、系统化,没有解决辨识问题,因此无法如他老人家所希望的生活化。一种易写又美丽的字型就这样被闲置了,无法为众人所用,甚至在休闲书法中都用不上。我们只好说,保留草书的神秘色彩,与人间保持一定的距离,可以供我们做心灵的探索,给书法艺术家一些自由表现的空间,也许更合乎我们的民族性吧!

2007 年 1 月

草书之难

我年轻的时候，不知道书法是艺术，称书法为"字"，称书法创作为"写字"，充其量是"写毛笔字"。因为这个时代，大家都不"写"字了，像我这样写稿还用稿纸的人已经不多了，何况是用毛笔写字！

即使到今天，我仍然认为书法不应该视同艺术，它是一种人间沟通的工具，记录思想的工具。因此书法就是"字"，有人把字写得好看，是要追求生活的美感，无关艺术创作。我幼时习字，与同时代孩子们一样，到高中以后就极少再用毛笔。记得在一本《文心》上，提到现代的生活不比往日，并不一定练得一手好字，但能整篇匀称、美观是必要的。言下之意，即使用钢笔也可顾及美感。这是标准的现代主义的生活艺术观。这种观念至今仍是我们信奉的，而且认为应在学校教育中推广。

我到近六十岁时才重拾毛笔，开始学古人，写字自娱。我的学生登琨艳，人在上海，担心我老来无聊，买了一大堆毛笔、墨汁与宣纸，要我消磨时间。他觉得我平时写字草率，并不难看，也许可以写出个名堂。这时候我已经开始接触中国书画，自熟悉的画廊里买了些古人的碑拓与法书，略加研究，决定自汉隶入手。

为什么写汉隶呢？理由有三，其一，隶书是大家可以认得的古文字。依我信奉的观念，写字一定要大家识得，中文的字体，只有隶、楷、行书可以满足这个条件，楷书、行书见多了，最难写，汉隶比较少见，有古味，大家较易接受。其二，唐代以后的隶书太刻板了，流行已久，写的人多，不免流俗。而汉隶是今日中文的始祖，不论笔法、结构都很自由，不但稚拙可爱，而且有表现的空间。其三，我老来习字，而且工作忙碌，已经不可能拜师学艺了，只有在家自习，正规的书法，要求一定的笔墨技巧，不求师很难学好，只有汉隶似乎并无章法，可以自行体会碑拓的精神，慢慢练习，自然得心应手。

这时候，我出入书画店，渐知道清中叶以后的书法家早就走上这条路，因此产生了一些有创意的个人风格，跳脱传统官式书法的老路，原来所谓"扬州八怪"，也表示这些人的字写得怪，在今天看来就是风格独具。他们的作品大多昂贵，而且难得一见，"八怪"之后到清末，受他们的感染，书法的艺术性甚高，因此我买过几张何绍基等人的作品。

我练了一阵子汉晋的隶书，又试写伊秉绶的字体，有些朋友就向我要字，那段时期，我正为汐止的慈航堂设计新的院舍，住持大师父看了我的字，要我为院舍写些字，我受宠若惊，练习书法更勤了。可是有些熟朋友觉得我平日用硬笔写字都是"草"字，为什么不写毛笔的草字呢？他们不知道，我写的"草"字是潦草的草，不是草书的草，我这种"草"字已经很多人看不懂了，真正的草书有几个人能看懂呢？何况我并不会草书！

我平日写的草字是把大家习惯的楷书、行书、简体混用，以快笔、连笔写出来，写熟了，大体上可以认得，而且予人以流畅之感。所以我的文字稿，报刊编辑都看得懂，刊出后极少错字，如果是正式的草书，恐怕就很少人看得懂了。

前几年，我开始留意草书，想多少了解其来龙去脉，才发现草书之所以难懂，是因为它与楷书同时自隶书发展而来，有一套独立的逻辑。今天我们还可以看懂一些，是因与楷书出自同源，可是若误以为每一个草字都与楷书对得起来就大错特错了。

我自王羲之的草书去对照楷书，才知道草书是截然不同的一种字体，似乎是文人之间通用的符号。因为文人书函往来，必须使用书写，他们为了方便，又喜欢草书流畅美观，加上他们是有闲阶级，有足够的时间可以玩文字游戏，所以就采用这一套为一般人所不识的符号。王羲之的草书帖都是信函，可知接信的一方也是通草书的。为什么后世的官方文书一直强调楷书呢？因为政令的传播，教育的推广，一定要使用一种大家都认得的文字，草书以美观与气韵是尚，字型与字义很难经得起严格检验，只能作为少数人之间使用的符号了。

唐代狂草的产生也许就是这种心理状态下发展出来的。既然这是一套少数文人的沟通符号，那就索性把它的优点推到极处，也就是使这种文字的流畅的美感极度发挥，完全牺牲其可识别性。一般大众是不在乎的，它是悠闲文人间的知性游戏，也是一种纾解文人情绪的艺术，因此在无形中，草书就艺术化了。今天的台北故宫可以把怀素的草书随意切割，做成装饰，早已把文字的意义丢弃到爪哇国了。老实说，董阳孜的书法之所以为我们所欣赏，岂不就是切割了字形与文意，表达出笔墨书写的流畅之美吗？

很有趣的是自六朝以来，草书的书法家就不断地想把草书标准化，以便成为大众实用的文字，可见他们也为草书不为人识所烦恼，不仅此也，试想大家不易认得，即使是文人的小圈子里也有通草书的困难吧！他们也要设法使他们的后辈可以用草书与他们沟通，所以某种程

· 于右任先生的草书作品

度的标准化是必要的。这就是历代都有人撰写草书千字文的原因。最近的一本草书千字文是于右任先生编订的。

于右任的这本《标准草书》就是我的草书入门书。他老先生精神感人，认为草书是中国文化的珍宝，如果使人人都使用草书书写，因节省书写时间，可以"利制作而新国运"。在尚没有电脑的半个世纪前，他的用心良苦，令人感佩，他推行草书，简直是为了救国！

不幸的是，他整理草书，学习草书，仍然是用老办法。他自古人所写的名作中找出好看的字体，作为标准，写成千字文，让我们学习，这样的"标准"，是根据什么原则？还是无法了解。他的原则是"易识、易写、准确、美丽"四项。可是美丽与易写，我们可以尊重他的选择，何以见得准确？他应该交代清楚，不准确是什么意思。最重要，而且最具争议性的"易识"，这个标准草书做到了吗？这一点没说清楚，称它"标准"，还是没有用的。

草书之弊就是没有符号化，要学，就要逐字去记忆。所以于右老在中年时花了三年才能执笔，试想一般人哪有时间与耐心去记忆这种没有大用的文字？只有书法家为了写出来好看才会使用，为了艺术创作的目的，也没有必要完全记忆，只要用时查查草书字典就可以了。所以有些草字，连书法家也未必看得懂。

草书的美，正是美在笔画通畅，有音乐的节奏感，是最接近音乐的视觉艺术；它的缺点，是因求笔画之简明流利，文字符号太过简化，实易混淆。中文是来自六书，不论是形声，还是会意，每个字都是一篇文章，一段历史，把它简化是不容易的，只想到笔墨之美，怎能照顾到辨识性呢？草书中的一个符号常相当于楷书中互不相干的十几个符号，岂有不乱的道理？

我试写于右老的千字文不下百遍,体会到要把草书标准化为大众通用的字形是不可能的,今天的时代已经电脑化了,连省笔的简体字都失掉了意义,何况认不得的草书。想通了,也就不再有此烦恼,对书法有兴趣的人都可以抽暇来学习草书,视之为艺术,仍然有其价值,可以发扬光大,可是不能强求易识。书法家要记得,你可以随便写,未必要合乎标准,但写完后如要展出一定要用楷书把文字标出。前台北故宫秦院长孝公,善写篆书,写完后落款时一定写出字义,是助人助己。助人,为免观众有无法辨识之烦恼,观众辨识后,才有心情欣赏其美感,才能达到书写者的展示目的,也就是帮助自己。

然而这样的认识对于于右老书法的价值是无损的,我家里仍然挂着他的对联。只是我却无心成为一个草书家了!

2007 年 10 月

形、意、情

——书法艺术之现代挑战

书法是传统中国最重要的艺术,因为中国文化中,文字的书写是核心。在过去,"识字"是开化的第一步,文学在知识分子间的地位最受重视,文字是沟通与记录的工具,书写乃是必要的手段,所以书法是标准的生活艺术。其他艺术,包括绘画在内都是等而下之的。画,以接近书写者为上,这种价值观一直流传到现代。

问题是:到了今天,已历经百年的现代化,书写已经逐渐自生活中消失了。文字仍然是必要的符号,但传达的方式却大幅改变。总之,代表中国文化精神的毛笔终于自生活中被淘汰。毛笔这样静悄悄地不见了,使得以维护传统文化为己任的朋友们心有不甘。那要怎么办呢?如果我们要延续传统文化的精神,真的非保留毛笔不可吗?若要保留,怎么个保留法呢?

问题的解答,典型的分为两派,一为传统派,无非是在中小学课程中增加书法,在民间休闲活动中增加书法一项;一为改革派,则是把传统的书法艺术发扬光大,与现代艺术挂钩。这两派的发展分别已经有几十年了,传统派依然在挣扎中,但时常可在地方文化中心、国父纪念馆、中正纪念堂等场所看到程度并不太高的传统书法展。他们的成就是逐渐恢复书法这种生活艺术在休闲活动中的地位，然而也几乎完全为艺术界所忽略。即使是自传统的标准看，中年以上的非常成熟的书法家为数也不少，但都不在改革派的眼中。改革派的书法家们，都在想尽办法突破传统，与世界的新艺术接轨。

老实说，想维护书法传统，同时接上新时代的艺术精神，现代中国艺术家自二次大战后就开始想了，可是多方的努力都不能使大家满意，主要是因为书法的生活本质实在与西方艺术很难调和。新书法家的努力不是偏向传统，就是偏向艺术，其间的障碍是天生的，不容易跨越。

前文说过，书法的基础是文字，是生活的工具，故书法的艺术只能说是生活工具的美化，其意义与建筑和工艺一样，是先完成工具的任务，再加上美感。西方的艺术就不同了，它的价值是脱离生活，是艺术家个性表达的艺术，现代的艺术家穷毕生之力，希望在作品中创造一种代表个人的风格，因为艺术被认为系个人生命力的发扬，个人的风格代表其艺术成就。这两种决然不同的创作态度，如何能融为一体呢？

书法与现代艺术确有些相通之处，那就是形式之美。中国书法有两千年以上的历史，历代都有名家以字体与笔墨之美著称于世。大家所努力学习的也是模仿名家的字迹，以达到公认的美感水准。很多人穷一生之力都无法达成此一目标，至于个人风格的建立，其困难更不在话下了。

改革派的书法家有所成者大多是掌握书法艺术的形式美的原则，加以发挥，与新艺术，尤其是抽象艺术接轨。这一路线在过去半世纪间已证明是可行的，而且仍有长足的发展空间供未来的书法家驰骋。

但是这一派有一个弱点,即文字的辨识性低,失去沟通工具的意义,成为脱离生活的纯艺术品,因此否认它们是书法亦不为过。

改革派受到传统草书的鼓励甚大。在中国书法中,最具有形式与笔墨之美的字体即草书,尤其是狂草,是世界级的线条艺术,它的缺点就是很少人认识,要靠专家辨识。对于一般大众,它只是美的装饰,不代表任何意义。近年来,台湾的公共空间喜欢一点传统的风味加在当代设计之上,流行使用磨砂玻璃为墙壁,上面用草书文字为装饰,台北故宫进厅新建之玻璃屋顶也有同样方式的装饰。他们使用的是标准草书,虽没有狂草的气势,但有纯形式美的效果,因为大众不能辨识其字义。

对严守文字意义的改革派书法家来说,这条路不是正道,却也很难找到另一条坦途。

抽象艺术以形式美为主轴,但纯粹的形式不能成为艺术,只是装饰,因此抽象艺术家努力以形式来表达感情,也就是用"表现"来感动观众,以完成艺术的任务。形式与表现两者缺一不可,至于内容则非必要;在抽象艺术中,形式就是内容,因不可辨识,没有故事性。

书法艺术也以形式美为主轴,但它却不是纯粹的形式,因为它是文字组构而成,文字是可以辨识的,因此可以知道它的意义,也就是它的内容。书法的内容其天地远比写实画的内容要广阔。因此书法是由形式与内容组成的,并不一定有"表现",对于纯艺术的要求而言,它是有所缺的。书法真的只能作为装饰吗?

书法中的文字,其涵意是可以表达感情的。这样是否可以弥补书法在艺术领域的欠缺呢?不成。因为用文意来表达感情是文学,不是艺术。比如过年时挂的春联,主要是看文字的吉庆祝祷的意思,文字

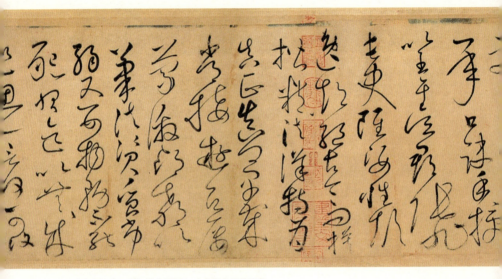

・（唐）怀素　自叙帖（局部）　台北故宫博物院藏

形、意、情

的美尚在其次。写得好的，首先是文意好，读起来有诗的韵味，然后才是字的形式悦目。易言之，书法艺术的主体是文学，不是美术；书法原是文学的附庸。直到20世纪，旧文学遭到革命，书法才不得不独立出来。今天能诗文的书法家已寥若晨星了。

举例来说吧！怀素的狂草在书法中最为典范，所以怀素被称为草圣。截取其作品的片段就是一幅墨线流畅的抽象画。台北故宫经常展示其名作及复制品，我颇受感动，以为他写的《自叙》必然是惊天动地的大文章。后来学草书，才略看得懂其内容，原来《自叙》是很普通的小传而已。今天再看他的狂草，对我的感动就大幅降低了。

书法的形式与内容很容易脱钩，其情意与形式不像艺术是两位一体的。好的艺术应该是形、情、意三位一体。这是书法艺术的困难所在。过去的书法家有没有克服这一障碍的方法呢？

我略回顾书法的历史，感觉到古人在这方面的努力。至少在清中叶以后，书法家开始把情意与形式结合在一起，他们使用的方法是选择一个字体。为什么他们大多丢掉当时流行的馆阁体，向古代碑版中寻找灵感呢？因为正统的字体只呈现形式美感，不易表达情意。他们不选草书，因为它太过形式化，不易辨识，无法传达情意。我注意到清中叶后的名家，如金农、郑板桥、伊秉绶等，都自汉隶中推演，创造了自己的"体"，但同时也把自己局限在某些情意天地之内。比如郑板桥的字多诗情画意，伊秉绶的字多深沉、壮阔的意境，金农多思古之幽情。他们把自己的人格、生活情调与书体的意境融为一体。

现代的书法家大多没有这样的涵养，他们把书法当纯形式美的技巧。有些书法家通各式字体，真草隶篆，包括行书，几无所不能。掌握了各种字体，如果不卖弄技巧，可以用字体来表情，篆体典雅，古隶朴拙，今隶严整，楷书敦厚平和，行书闲达，草书激情，由于字体多样，满足生活化的目的，不免失去独有的风格，因此也失掉了在书法史上占一席之地的机会与野心。

改革派的书法家可以大分为三类。第一类是激进派，他们除了墨之外，毛笔与文字全部丢弃，作品看不出书法的特色，只是用墨汁在纸上涂抹而已，可以称为墨画，不能称为书法。第二类是保守派，他们信守传统，一定要自基本训练下工夫，但同时要推陈出新，创造出不同的传统作品。他们的作品当然会有可辨认的字形，但同时有现代的精神，因此不能不顺着清末以来先贤的传统找路子。第三类是折衷派，他们一方面信守传统的笔墨技巧，另方面则不计较文字的辨识性，创作一种有传统书法的气势，却看不出情、意的作品。

近年来我们看到的书法作品展览不出以上三类之外，这三类都不免仍有遗憾。第一类在形、意、情三方面都已离弃书法，徒具书法之名。第三类有形式之美，有时亦有感情，但却失却意蕴。第二类比较能面面俱到，保留传统书法的要义，但失之缺乏新意。

我偶尔看到一些作品，似乎正在努力开拓新的方向，那就是仍然以可辨识的文字的内涵为中心，一方面在形式上追求新意，而执著于毛笔，同时希望形式的表现能传达出文意的感情。这当然是不容易的。

形式上的改革，除了下笔的技巧不落俗套之外，字体的构成可以有新意。重要的是构图，必须放弃传统整齐排列的常规，因内容的表现而出奇制胜，一新人的耳目。这些都必须环绕文意而发展出来，而意与情是连贯的。

中国文学中表达的情绪，为忧患与笑傲，慷慨而激昂，孤寂而闲静，甚至飘逸而悠远，这些情绪要用书法艺术来表达该怎么着手？自此着眼，把书法艺术视为最困难、最丰富的艺术并不为过。我在传统书法中游走了若干年，真正感觉新书法是亟待开辟的艺术领域，有劳年轻书法家多下些工夫，才能恢复第一生活艺术的地位。

2008年1月